서랍 속의 바다

한국스토리문인협회 시 동인
문학공원 동인지 2017년 제15호

서랍 속의 바다

문학공원

<책을 펴내며>

문학공원이 스토리문학 100호의 밑거름돼

계간 스토리문학이 100호를 맞이했습니다. 이런 저력의 밑바탕에는 도서출판 문학공원의 이름이 되었던 문학공원 동인이 있었습니다. 저는 2003년 9월 22일 포푸리문단이라는 이름으로 동인지를 창간하였는데, 이번에 그때 참여했던 김영규 시인이 문학공원 시동인지에 참여하게 돼 너무나 기쁩니다. 그리고 김영규 시인께서 응모해온 『서랍 속의 바다』를 동인지의 표제로 선정합니다.

문학공원 동인지에는 지난 15년 동안 연인원 982명의 작가가 참여하였습니다. 실로 대단한 숫자이며 업적입니다. 그러한 바탕 위에서 지난 2004년 스토리문학이 월간으로 창간되었고 2011년 계간으로 전환하여 현재 100호에 이르고 있습니다.

이제 스토리문학은 문학을 하는 사람이라면 거의 모르는 사람이 없을 정도로 성장하였으며, 가는 데마다 스토리문학의 작품성이 매우 좋다는 평가를 받고 있어 기분이 좋습니다. 이모든 것은 그동안 문학공원 동인지에 참여해주신 모든 작가님들의 덕택이라 생각되오며, 그동안 참여해주시고 격려해주신 모든 작가님들께 머리 숙여 감사의 인사를 올립니다.

저에게는 큰 꿈이 있습니다. 제가 스토리문학이라는 이름으로 잡지를 내듯, 스토리가 있는 문학작품을 2천 명 쯤 모아 스토리문학대전집을 내는 것이 꿈입니다. 창간 10주년 때 시도해보았지만, 저의 규모나 능력으로 볼 때 시기상조였습니다. 그래서 10년 쯤 더 지난 후 그런 꿈을 펼쳐보려 하고 있습니다. 그렇게 되면 그 책은 여러분들에게나 저에게나 우리 문학사에서도 길이 남을 불후의 업적이 되리라 믿어 의심치 않습니다. 그러기 위해서는 문학공원 동인님들께서 더욱 활발하게 활동해주셔야 합니다. 수동적인 활동이 아닌 능동적인 활동으로 실질적인 합평활동과 창작여행, 시도별 동인지의 창간 등이 숙제라 하겠습니다.

이번 동인지에도 너무나 많은 분들이 글을 보내오셨습니다. 무려 77명의 작가중에서 1명만을 뽑는 다는 것은 대단한 경쟁률입니다. 그중 양현주 시인이 응모해온 「0의 분홍」 외 2편을 제7회 스토리문학상 시부문 수상자로 선정합니다. 최종심사를 맡아주신 이만섭 시인은 수많은 경쟁작을 물리친 매우 좋은 작품이라고 호평을 하였습니다. 심사평과 당선소감은 계간 스토리문학 2018년 봄호에 작품과 함께 게재됩니다.

스토리문학이란 이름은 너무나 좋습니다. 게다가 문학공원이란 이름은 금상첨화입니다. 이렇게 좋은 이름을 가지고 활동한다는 것은 매우 좋은 기회이라 생각합니다. 한국스토리문인협회가 전국적인 문단을 갖출 수 있을 때까지 저는 끊임없는 노력을 경주하겠습니다. 오랫동안 글을 내주시고 지켜봐주시고 힘주신 모든 분들께 머리숙여 감사의 인사를 올립니다. 고맙습니다.

2018년 1월 27일

한국스토리문인협회 회장 김 순 진

CONTENTS

1부
건널목은 유난히 멀어

2부
별과 달이 보챈다

3부
아스팔트 위의 뻥튀기

4부
청둥오리의 모정

1부

건널목은 유난히 멀어

대평원의 여명 외 2편

오 연 복

터키의 콘야 대평원 횡단도로는 먹빛 바림(gradation) 아스라한
지평선의 틈새로부터 어둑새벽의 여린 호흡이 밀려든다
실낱같은 빛줄기가 수백리길 광활한 대평원의 무거운 어깨를 털어낸다
막 멱을 감고 오르는 은은하고 발그스레한 어스름은
지평선의 알몸을 매끄럽게 탐색한다
드문드문 완만한 굴곡을 드러내는 구릉들이 부드러운 담채화를 그려내고
여명의 바다는 능선을 타고 출렁인다
삽시간에 온갖 물상을 일으켜 세우며 대지의 숨결을 어루만지는 연금빛 물살,
와 먼동이다!
눈동자에 머물던 경이로움은
가슴 속속들이 볼그레한 빛 물살로 살랑인다
1월 하순을 여는 새벽은 양탄자빛의 향연을 펼쳐간다
구름을 밀쳐낸 장엄한 햇살은
밤새 어둠을 밟아온 고속도로를 단숨에 하얗게 삼킨다
드문드문 외로이 서있는 키 작은 나무들과
전선을 실어 나르는 고단한 철탑을 애무한다

대평원에 도란도란 놓여있는 마을과 아담한 모스크[1])들을 멀찍이 조영하던

흐릿한 초점을 보정한다

외딴 집 길목을 서성이며 달그림자 냄새에 킁킁거리는

강아지 등짝에도 햇물이 든다

정감 넘치는 밭이랑은 그 폭 수를 헤아릴 사이도 없이 밀려왔다 밀려가고

차가운 대지를 감싸고 있는 연초록 밀싹들이 양털처럼 포근하다

온유한 아침이 맥놀이하자

자드락 건너편으로 광활한 소금호수가 잔물결로 일렁인다

대지의 품에 안긴 널따란 호수가 대지의 끝자락을 범람한다

지평선이 수평선에 잠기고

수평선은 피어오르는 해무자락에 햇살을 수놓는다

새벽이슬 젖은 바람결을 타고 온 아침이 살그래 웃는다

---

1) 모스크(mosque) : 이슬람교인들이 집단으로 예배드리는 예배당으로 둥근 돔 형태의 지붕과 뾰족한 첨탑인 미나래트가 특징이며 성소피아 성당과 블루모스크 등이 대표적이다.

세상에서 가장 긴 詩

삶

장가계의 어름새 십리화랑

지붕 네 모서리가 날렵하게 하늘로 솟구친 회랑回廊의 출입구는
설렘과 경탄의 발길이 교차한다
어귀에 들이시면 인자한 노인형상으로 우뚝 솟은 암봉이
왼손을 치켜들며 십리화랑의 문을 연다
느닷없이 쑥 솟구쳐 오른 봉우리들은 홀로 오뚝 서있기도 하고
드문드문 무리를 짓거나 마당바위를 딛고 쌍봉을 이루기도 한다
등성이 너머 운무 새새로 얼핏 설핏 얼굴 내미는 첩첩의 석봉들은
어렴풋한 원경遠境을 촉촉한 무채색으로 펼쳐간다
중턱을 감아 도는 솜털구름이 포근한 운치를 곁들인다
텁석부리 약초꾼 바위가 걸머진 구럭은 심산명약으로 두둑한 듯하다
가파르게 깎아지른 백길 기암단봉은
아득히 올려다보는 관람객의 애간장을 호빈다
하늘을 우러르는 비단쥐의 암상巖像을 작은 액자틀에 담는다
십리화랑 밑자락에 굽이쳐 흐르는 계곡물은
억겁의 사연을 쉼 없이 실어 나른다
포롱거리는 동고비 날갯짓에
물억새는 사그락사그락 가벼운 춤사위를 여울목으로 띄운다
포효하는 호랑이바위는
좌우로 우뚝우뚝 솟아 비호하는 석봉들을 호령한다
수직의 절벽을 타고서 시원始原의 정수리인 암봉을 정복했을

원숭이들 눈매에서 용사의 내력이 비친다
아이를 마주 보듬고 있는 부부바위의 옹근 품안으로
포근한 안개구름이 포대기를 걸친다
관음봉을 배알하는 선녀석봉들의 자태가 사뭇 단아하다
산내리바람에 흩날리는 안개비가 귓불에 신선의 헛기침 소리를 건넨다
엄지바위 허리춤에 휘감긴 구름이 엄지손가락을 하늘로 둥둥 띄워 올린다
자우룩한 골짜기에 말기를 감아올리는 선녀의 긴 치맛자락이 너울거리고
가붓한 공제선 윗자락은 걸음새 날렵한 신선이 선계의 봉우리를 오간다
양면신兩面神암봉은 선계와 현세의 표정을 동시에 투영한다
관람객은 무아의 화폭을 눈빛에 새기고
십리화랑은 관람객의 가슴을 표구한다
천태만상의 봉우리들은 만고의 역사를 억년의 곡조로 읊조린다
빛바랜 황토암반에 구릿빛 실금들이 세월의 고갱이를 밀어 올린다
키 작은 초목들은 암록의 그늘을 만들고
웃자란 나무들은 연초록의 채색을 한다
저마다 아이를 업고 안고 잉태한 세자매봉은
자애로운 미소로 숭고한 모성을 노래한다

햇살이 구름을 살며시 들추자 기암연봉 사이로 영롱한 무지개다리가 놓인다
화랑에 펼쳐진 한 폭의 웅장한 화폭은
수천 개의 액자에 변화무쌍하게 진열된다
태고의 신비를 머금은 산안개 너울에 기웃한 오후의 묵향이 흐른다

오 연 복

계간 <스토리문학> 등단, 한국스토리문인협회 이사, 문학공원 동인, 가곡동인
2014 대한민국인물대상 수상, 제8회 전북의 별 표창 등 다수
동인지 『꿈을 낭송하다』, 『바람의 서』, 『하늘에서 웃으시다』, 『새벽빛 와 닿으면 스러지는』 등 다수
가곡 작시 <물푸레나무타령>, <갓밝이>, <변산반도 마실길, <김밥, <항일암>, <시인의 아내>, <행복한 결혼>

검정운동화 외 2편

김 태 선

엄마가 사온 검정운동화
다락에 숨겨놓고
아침을 기다린다

해가 뜨자마자 신고 뽐내며
동네 한 바퀴
걸었다

돌아와 보니
댓돌 위 다 헤진 엄마 고무신
왈칵 눈물이 났다

나의 검정운동화
티눈 박혀 아픈
엄마 맨발에 신겨드렸다

공작기계

선반이 360도 회전할 때마다
돈이 보인다

그가 밀링 바이트처럼
좌우로 움직일 때마다
돈을 번다

레디알이 탭을 낼 때마다
뱃속이 비틀어내려
소화가 된다

제품 하나하나 공차가 플러스마이너스되어 완성되듯
삶도 조밀해져 간다

가끔 기계 돌아가는 소리에
삶을 몽땅 싣고 오는
꿈도 꾼다

뿌리고속도로

칠보산 큰 바위 위
노송의 뿌리가 덮여 절정이다

붉게 굴곡 지으며
사방 바위를 덮고 있다

바위 위 얼기설기 건너가
다른 뿌리에도 이어진다

마치 고속도로 교각 같아
어느새 빨려드는 나

김 태 선

세종시 출생, 현재 안산시 거주, 현 삼원종합기계(주) 근무
서울시인협회 제14회 추천시인상 월간 <see시> 등단
안산문인협회, 풀잎문학회, 한국스토리문인협회 회원
안산전국상록수백일장 우수상
동인지 『사랑을 말하다 시대를 그리다』, 『구름의 집중력』
『텃밭에 시 뿌리기』
시화집 시인은 시를 쓴다 · 2』 taesun891@naver.com

엄동 외 2편

이 윤 순

겨울은 자연에게
쉬어가는 법을 가르쳐 준다
싹을 틔우는 일도
꽃을 피우는 일도
성장을 하는 일도
다 멈추어 쉬었다 가란다

계곡에 몸 낮추어
기어가든 물 조차도
제자리에 굳어
멈춰 버린 부동의 계절
그러나 쉼도 성찰의 시간도 없이
불철주야 진행형인 것은
안하무인 세월과
내 얼굴에 주름살뿐이구나

건널목은 유난히 멀어

세발로 건널목 건너가는
O자형 다리 할매
이 순간이 가장 바쁘고 멀다
이제 겨우 중앙선 통과 중인데
두발로 가는 사람들 다 건너가고
마음도 저 앞에 달아났다

파란불은 깜빡깜빡
눈짓으로 재촉하는데
세 발로 가도 두발로 가는 사람
못 당하는 굽은 몸은
여전히 쪼작쪼작 걸음마
지척이 천리로구나
하지만
내 삶은 X 아닌 O라오

엘리베이터

정원 초과면 절대로
절대로 움직이지 않는
고집 센 너
내가 내리자마자
바로 올라가는 너
나도 한 고집하는데
오늘은 내가 졌다

그러고 보니
너는 두 서너 고집은
하는 모양이구나

이 윤 순

계간 <스토리문학> 시, 수필 등단
2018년 불교신문 신춘문예 시조 당선
한국스토리문인협회 회원, 한국문인협회 회원
문학공원 동인, 자작나무수필 동인
시집 『스케치북 한 권』
동인지 『꿈꾸는 도요』, 『힘들지만 사랑의 힘으로 배긴다』 외 다수

편지 외 2편

문 모 근

내가 명조체로 쓰면
당신은 고딕으로 된 로마체로
답장을 씁니다.
두 글자 모두 반듯하지만
된장내 나는 명조보다
치즈 향 담은 로마체가
아무래도 좋을 것 같다는 당신과
각진 이야기를 나눕니다.
하지만 둥글둥글한
디나루체나 굴림체 같은
그런 글자처럼
둥글둥글한 마음과 함께 밥상에 오른
반찬과 술잔, 이런 것들도
동그라미를 그리며
크고 작은 세상을 그리고 있습니다.
시간이 둥글게 보이는 것은
술상이 둥글고 징 장구 북과
꽹과리가 둥근 것과 다르지 않습니다.
그래도 당신은
로마체로 답장을 씁니다.

비 내리는 날

비가 내리는 날은 그런 날이다.
흐릿하게 발자국 지워지는 날.
흥건하게 옷깃 젖는 날.
바지자락 붙잡고 늘어지는 그리움조차
끌어안고 싶은 날.
튀어 오르는 빗방울에 들러붙고 싶은 날.
회색 구름이 편안한 날.
가늘다가 굵다가 퍼붓다가 잠시 멈추는
줏대 없는 빗줄기가 반가운 날.
별일 없어도 마음소리 큰 날.
그런 날이다. 오늘은.

별신굿

별을 따나 보다
바닷물만큼 많은 영혼
당에 불러 탁주 한 잔 섞고
방풍나물과 알싸한 고추 몇 점
상쇠소리 흔든다.
장구소리 지저귀는 마당에
퍼지는 징소리 따라
무당의 사설도 마음을 후비며
사박사박 춤사위
노랗고 하얀 색동자리
앞으로 뒤로 위로 아래로
흔들며 춤출 때
에헤라 꽂히는 돈 봉투
두께 맞춰 어깨춤 높아지는
동해안 별신굿 굿판이나 벌려볼까.
울주군 진하마을 풍어를 기원하고
마을이 평안하기를, 잘 되기를
바래고 두드리고 때리고 치는.
신이라도 왔을까.
님이라도 왔을까.
나이 들어 주름진 손으로,

시간 흘러 골진 이맛살 주름으로,
굽어보고 살피고 다듬는
별신굿. 손바닥 비벼 온기 느껴
아들과 손주 가족의 염원을 담는
어허라 한 판 놀자
별신굿. 바다 나가 고생하다
행여 생을 접어도 산 사람은 살아야
어제를 기억하고 내일이 있음인데
그래도 올 한해 언제라도
내 사람 무사하고 생물 많이 건져
입성 풍부하고 집안 번성하기를
편안하고 행복하기를
비나이다. 비나이다.
에헤라. 별신. 별신이

문 모 근

1992년 <시와시인> 등단
한국문인협회 회원, 울산문인협회 회원, 울산북구문학회 회장
계간 <스토리문학> 편집위원, 한국스토리문인협회 울산지부장
천상병귀천문학상 우수상 수상
시집 『호계장 사람들』 외 3권

허수아비들의 번개팅 외 2편

서 동 석

허수아비단체 회원들이 농수산부청사 앞에 모여 궐기대회를 열고 있다

첫 번째로 도시 먹자골목 허수아비단체 임원이 단상에 올랐다

저는 먹자골목에서 열심히 일하고 있습니다

곱창집 곰탕집 갈비집 족발집 참치집…

여러 업소들을 전전하며 몸에 통통하게 바람을 넣고 이리 비틀 저리 비틀 비틀거리며

긴팔은 치어리더 빰치는 율동으로 더운 여름날이나 추운 겨울날에도

쉬지 않고 열심히 살고 있습니다

흥청망청 먹자골목에서 일하다 보니 별일이 다 있습니다

개차반으로 술 취한 행인들이 제 아랫돌이에 실례하는 것은 다반사고

발로차고 욕설까지 퍼붓습니다

최근 들어 장사가 잘 되지 않아 문을 닫는 가게들이 많아져 한 분 한 분 떠나가고 있습니다

정부에서는 하루빨리 대책을 세워 생존권을 보장하라

보장하라 보장하라

남쪽 먼 섬에서 올라온 어촌단체 허수아비가 두 번째로 단상에 올라왔다

여러분 열악한 환경 속에서 더 이상 침묵할 수 없어 먼 길 마다않고

어렵게 이 자리에 섰습니다

저희 어촌회원들은 바다 한가운데 여러 양식장에서 차가운 바다에 발을 담그고

살이 찢어나가는 아픔과 배고픔을 참고 견뎌내며 살고 있습니다

제가 일하는 매생이 양식장엔 조금만 방심하면 청동오리떼들이 몰려와

삽시간에 엄청난 양을 먹어치우기 때문에 밤낮으로 졸음을 참아가면서 지키고 있습니다

노동하는 시간에 비해 너무 적은 임금 때문에 이곳에서도 한 분 한 분 회원들이 떠나가고 있습니다

정부에서는 하루빨리 대책을 세워 생존권을 보장하라

보장하라 보장하라

마지막으로 남루한 옷차림에 삐딱한 모자를 쓰고 농촌들녘의 회원이 올라섰다

작금의 농촌들녘의 현실도 녹록치 않습니다

젊은 허수아비 회원들이 도시로 빠져나가 들녘엔 나이 드신 허수아비 회원들만 남아 있어서

힘 센 짐승들이 들녘이나 마을로 내려오면 자주 어려움에 처하곤 합니다

여러분께서 고향을 떠나 객지에서 고생을 하시고 계시기에 안타까운 마음 금할 수 없습니다

하루속히 농촌 황금들녘이 안정되어 고향으로 돌아와 함께 행복하게 삽시다

모진 비바람과 혹한 추위를 견뎌내는 허수아비 여러분 존경합니다

찬조 내역

먹자골목 회원님 갈비살 족발

섬 양식장 회원님 매생이 미더덕

황금들녘 회원님 메뚜기 참새

통통배

아야 칠성아 이리와 봐라
엄메 왜라?
내가 느그들하고 느그 아부지 땜시 제 명에 못 살 것 같다
머리가 처서 죽것다
얼릉 남창터미날 약국 가서 두통약 사 와라
칠성이는 두통약을 까먹지 않으려고 바닷가 옆 신작로 길을 걸어 가면서
두통두통 두통두통 되뇌이며 가고 있었다
그때, 고기 잡으러 나갔던 통통 배가 갈매기 호위를 받으며
전쟁터에서 승리하고 돌아오는 개선장군 마냥
통통통통 통통통통 소리 지르며 선창가로
들어오고 있었다
칠성이는 엄메가 일러준 두통약은 기억에서 사라지고
통통약 통통약 통통 통통을 되뇌이며 있었다
약국에 들어서자 아저씨 통통약 줏시요
아야 뭐라 했냐?
아따 엄메가 통통약 사 오라 했써라
아 이 녀석아 그런 약은 없다
엄메한테 가서 다시 물어보고 오너라
어어, 울엄메가 분명히 통통약 사 오라 했는디
통통약 통통약 왜 안 팔지?

아이스케끼 통이 토끼장이 되다

구리시 강변에 있는 코스모스 축제에 갔다
완연한 가을 날씨에도 땀이 날정도로 더운 날이다
잠시 그늘을 찾아 쉬고 있었다
그때, 아이스 께끼 아이스 께끼 소리를 지르며
우리의 곁으로 긴 잠결의 추억이 다가왔다
갑자기 나의 기억은 48년 전으로 달려가고 있었다
해남 땅끝 남도의 금강산이라 불리는 달마산 자락의 큰 마을이 고향이다
초등학교 3학년 코찔찔 흘리던 개구쟁이의
기억에 멈추어 섰다
먹고 싶어도 먹을 것이 없던 1970년
아이들의 군것질이라곤 개떡이나 고구마을 먹을 정도다
동네 5,6학년 형들이 오리 떨어진 면소재지에서 아이스께끼 통을 받아왔다
“바로 저거다” 나의 생각은 빠르게 회전하고 있었다
우리도 친구하고 둘이서 용감하게 받아왔다
마을로 오는 동안 몇개의 아이스께끼가 우리의
목젖을 타고 행복의 바다에 다다르고 있었다 두려움도 없었다 손익계산도 없었다
동네 어귀에서 형을 만났는데 난리가 났다
아버지가 아시면 어떡하려고…

그냥 빨리 갔다 주라고 야단법석이다
그날 마을엔 아이들의 아이스께끼 축제가 벌어졌다
저녁때 아이스께끼 통을 아버지 몰래 토끼장
옆에 놔두었다

몇일 뒤 아이스께끼 통에 토끼를 분양했다

서 동 석
고려대학교 평생교육원 시창작과정 수료
한국스토리문인협회 회원, 문학공원 동인

이사를 서두르는 지폐 외 2편

한 지 영

전화선을 타고 오는 간절함이
눈물로 뚝뚝 떨어진다

감전된 두통이 천둥소리를 내며
아픔을 호소한다

혈연과 인연으로 발을 달고 걸어간 지폐들이
고층을 이루고 무심히 내려다본다

인정은 종착역을 모르고
페달을 세차게 밟는다

삐걱이는 육신 앞에 지폐의 이삿짐이
버거움을 호소한다

마냥 주는 것만이 기쁨이었던 충만이
가슴 언저리로 서글프게 차오른다

은행 문이 훤히 불을 밝힌다
모질지 못한 맘에 고단이 매달린다

별것도 아닌 것

별것도 아닌
별것이
머릿속을 헤집으며
별것을 만든다
팔뚝에 붙은 모기 한 마리
살아가는 일상이
별것도 아닌
먹고 사는 거라고,
입을 들이 되며
쪽쪽
빨아댄다
탁, 때려
황천길로 보내는데
사는 게 별것 아니네 하며
탁 뱉는다

전투장으로 향하던 날

그는 잘 정리된 무기를 점검하고
바람의 저항을 막아줄 방탄복으로 무장을 하고
파도를 잠재워 줄 청심환의 동아줄을 잡고
적진을 향해 갔다
출전하는 대장은 근엄해야 한다
가족에게 흔들리는 얼굴을 보이면 안 된다
그것은 자격 미달의 자존심 문제인 것이다
그는 가족의 두 손 모은 염원을 손아귀에 꽉 움켜쥐었다
애절함의 피켓들이 전투장 입구에서 줄줄이 꽁무니를 따른다
그렇게 모두가 입성했다
각각의 장소에 배치받아 모인 투사들이 토끼 눈으로 침묵한다
전투 시작과 더불어 총부리를 바르게 잡으며
총알을 장착하고 갈고 닦은 기술로 한 발 한 발 적의 동태를 살피며 돌진한다
지뢰를 피하는 얕은 숨소리뿐
쥐의 방문도 없이 고요했다
소리 없는 총성이 무섭도록 그의 머리를 스쳤다
공포의 헛발이 나갔다
총알을 다시 장착했다
돌부리에 넘어졌다
흐르는 피를 차분히 닦았다

그렇게
전투는 긴 시간 가슴을 조였고
모두는 조용히 총부리를 거둬들였다
많은 피를 흘리지 않았으므로
그의 상처는 얕았다

역사의 장
수능시험은 그렇게 끝이 났다

한 지 영

계간 <스토리문학> 등단, 고려대학교 평생교육원 시창작과정 수료
한국스토리문인협회 회원, 문학공원 동인
동인지 『접시꽃 그리움』, 『가슴에 이는 파도』 외
가곡 『펄럭이는 바람소리』 외

길쌈 외 2편

서 영 석

날실과 씨실이
겹겹이 시간을 엮어
병풍처럼 늘어선
올들을 채워나간 만큼

우리의 삶을 엮어서
한 필 두 필 박제시키는
손길에는, 시간의 얼룩이
피부를 박리시켜나가고

한이 어린 여인네의
긴 한숨에는
평생을 농축한 단내나는
이야기가 밀려나와
창포 꽃 허리에
사리를 만드니

우리의 삶이 피었다 지는
인생 9막이라

25시

문을 나서면
검은 도시계곡과
황량한 아스팔트 벌판 위로
거리를 스캔하듯 펄럭이는
현수막 갈기가 파도처럼 밀려와서
졸고 있는 가로등을 두드려 깨우고

별빛도 비켜가는 좁은 골목 안에서
들고양이와 유기견의 앙칼진 비명이
하수구를 돌아 시큼한 냄새를 풍기며
기울어 가는 여인숙의 담벼락에
기대어 서서 노상방뇨중인
거렁뱅이의 발가락을 물어 젖히니

피 흘리는 도시는 썩어 문드러져
새벽의 대지 아래 묻히고
팔랑거리는 나팔꽃의 눈물이
아스팔트를 적시는 도시의 아침은
알콜에 젖은 걸음으로 주절거리며
블랙홀 같은 세계로 빠져드는

승냥이들로 가득하다

늙어간다는 것은

하나 둘 기억이 희미해지고
나이를 잊어가는 것은
하나씩 옷을 벗고
단세포로 돌아가기 위해서
인간적인 본능만 남기는 것이다

세월의 흐름 속에서
감각이 무디어지는 것은
과거에 집착하는 고정관념을
서서히 지우고
새로운 세계로 나아가기 위해서
오염된 염색체를 씻는 것이다

피부의 면적에 역행하는
육신은 점점이 작아지며
골 깊은 주름으로 변해가니
껍질을 벗고 새로운 생명의
탄생을 향하여 가고 있는 것이다

우리는 나이를 먹으면서
늙어가는 것이 아니라

한 쌍의 DNA로 돌아가기 위하여
나날이 새로워지는 것이다

서 영 석

아호는 녹정(鹿井), 세례명은 요셉, 계간 <문학광장> 시 부문 등단
베체트환우협회 · 한국문인협회 · 포천문인협회 · 나루문예 · 한국스토리문인협회 · 문학광장 · 청로동인회 회원, 시와창작 · 포엠스퀘어 동인
경기도문학상 공로상, 이해조문학상 시 부문 장려상, 경기도의회 의장 문학 공로상, 한국·프랑스 수교 130주년 기념 시화부문 초대작가
시집 『시간의 향기』 외 다수 동인지 『시와창작 사람들』 외 다수
E-Mail : mijinelc@naver.com

겨울 외 2편

김 남 식

옷깃에 찬바람이 파고들면
어묵 국물 냄새가 유혹하는 포장마차
따스한 공간 속에 들어가
누군가와 마주앉아
기울이는 소주 한 잔에
정을 담아보고

어둠을 걸러주는 가로등 불빛
그 골목길을 따라
사랑하는 가족들 품에 들어가
아무리 겨울추위가 모진들
매서움을 이겨낼 수 있는
웃음소릴 담아보고

한해가 끝나는 어느 날
차가운 겨울 바다에 몸을 맡긴 채
복잡한 세상 속으로 들어가
소리 한번 냅다 질러서
움츠러진 자신을 일으켜 세우고
따스하게 겨울을 이겨내자

구조요청

바람이 몹시 부는 어느 산길에서
몇 안 된 나뭇잎들이 나뭇가지에 매달려서
애처롭게 나를 바라본다

그들은 내게 구조요청을 하였지만
도울 수가 없었다
너의 운명이니까 네가 알아서 하여라

그리고 뒤도 돌아보지 않고 그냥
나는 산길을 내려왔다
그 후 그들은 어디로 갔는지 소식은 알 수가 없다

정말 그런 날이 있었지

정말 그런 날이 있었지
아무렇게나 던져 있던 휴대폰에
나 혼자만의 비밀 문을 만들고
하루에도 열두 번씩 들여다보던 때가 있었지
가능한 한 혼자 있으려 했고
연락이 숨던 날은 안절부절못하며
기다리던 날이 있었지

내가 하는 일이 과연 옳은 일인지
너무 늦은 나이에
생각할 여유도 없이 불쑥 찾아와서
분홍빛으로 물들인 그 사건
하루해가 어떻게 가는 줄 몰랐었다
이런 말 어떨지 몰라도
난생 처음 설레이던 그런 날이 있었지

그런데 시간의 힘은 정말 대단했어
그 사랑도 어느새 세월에 밀려 멀어져가고
언제부터인가 거실 한 쪽 저만치
나 동그라져 있는 휴대폰
잠시 스쳐가는 바람처럼

흘러가는 구름처럼
사랑도 인생도 그저 허무할 뿐

얼굴엔 풀죽은 문종이처럼
왠지 모를 어두운 그림자가 드리우고
어느 것 하나 의미 없이 지내다 보니
공연히 짜증만 가득
내생에 참 좋은 정말 그런 날이 또 있을까마는
가랑비에 젖는 옷깃처럼
한없이 쓸쓸해지는 마음을 어찌하랴

김 남 식

필명은 솔새, 아호는 동곡, 충북 청주 출생
월간 <스토리문학> 시부분 등단, 한국스토리문인협회 회원
시사랑, 문학공원 시동인, 자작나무 수필동인, 스토리소동 소설동인
시집 『달빛 틈새에 별 하나 얹히고』, 시동인지 『제로의 두께』
수필동인지 『아버지와 자작나무』 외 다수
소설동인지 『잔혹이 마블링된』 외 『애인』 등 공저 다수
이메일 namsikc@hanmail.net

화장지 외 2편

김 순 수

새벽은 상투를 지휘하고 그것에
대응하는 너의 아침은 허망하다

손은 건들거리고 너는 빈둥거린다.
과감하게 한가해도 공간에는 널렸다
깊이와 공백 그 차이에 대해서
너는 생애를 소진한다

남의 치부까지도 감싸 안더니
꼬리가 길면 밟힌다 했듯이
잘 풀릴 때를 조심해야지
꼬리 긴 사연은 남겨 둬야지
다 풀리고 나니 너도 덩그러니
속 빈 거죽만 남겨놓을 것을

너의 알리바이는 위안을 경유하지만
유통기한이 길어 너의 진부를 음미하느라
시간을 다 써버렸다

어쩌라고

아내는 매일 구박하는 게 일이다
난 양손잡이인데 집안 어른들이 꾸지람을 하신다며 자꾸만 오른손만 쓰라고 한다 나는 양손이 편한데 어쩌라고

여사친은 매일 치마보다는 바지를 고집해서 입고 다닌다 여자는 여자다워야 이쁘다고 매일 말해주는데 여사친은 오다리라 치마를 못 입는다는데 어쩌라고

엄마와 아버지는 닭살 콩깍지 부부다
딸은 아버지와 천적이라서
아버지의 코골이 때문에 늘 잠을 설친다 엄마는 딸에게 코골이도 자장가로 들린다는데 어쩌라고

부장님은 날마다 생산수량을 체크하신다 당일마다 수량이 다르다지만 적게 나오는 날은
잔소리를 하신다 그런 날은 인터넷이 되다 안 되다 해서 그런 건데 어쩌라고

어쩌라고 어쩌라고에서 온 어쩌라고 입니다

술

소리 없는 나의 친구
언제나 그렇듯이 슬픔을 거둬 먹이려는
비의 소매를 끌고 너를 마시러 가네
누구는 외로워서 관계로 도피한다면
난 관계가 외로워 너에게로 도피한다네
좋은 이와 리얼이는 내 옆에 있어주네
내 기쁨도 받아주고 내 슬픔도 받아주고
때로는 어머니 같이 내 삶을 안아주고
때로는 스승님 같이 내 몸을 혼내주네
인생이란 바다 위를 너와같이 노 저어가며
행복이란 작은 섬에 같이 가려 하였건만
이놈의 저질체력이 너와 나를 질투하네
향긋한 부드러움이 너에게 내려앉아
온통 연분홍 그대의 품에 빠져들고
나는 이미 너의 나무가 되어 노래를 한다

잘 가라 나의친구 먼 훗날 다시 봄세

김 순 수

본명은 김수영, 계간 <스토리문학> 시 등단, 고려대 평생교육원 시창작과정수료, 한국스토리문인협회 회원, 수원문인협회 회원, 문학공원 동인
동인지 『새벽빛 와 닿으면 스러지는』, 『달리는 미술관』, 『가슴에 이는 파도』, 『무너지는 흙담 너머』, 『꿈을 낭송하다』 『아내의 문장성분』

달팽이 슬픔 외 2편

전 하 라

회색 구름을 내건 오후 시간들이 석양으로 흐르고 있다
그 시간은 눈뜰 여유 없이 미끄러지는 이유가 있다
앙칼진 목소리로 빽빽 우기던 그녀가 슬픔을 안고
조용하게 울음 속으로 숨어든다

정처 없이 떠도는 공기의 틈 사이로 삶의 노린재가
애꿎은 지탄으로 내리 꽂힌다
알기 어려운 촉각들이 하나 둘씩 일어난다
푸푸 내 쉬는 숨구멍마저 닫힌다

척박함 땅을 가르는 비명소리가 들린다
슬그머니 내뺀 발을 멈춘다
돌아보면 안 돼 라는 말이 맴도는 순간
지척의 거리로 슬라이딩하는 저녁의 어둠

달팽이 같이 회오리치는 슬픔이 더듬이를 내밀고 있다

가을 갈치

가을외투를 걸치고 출근길에 오른다
빼곡한 지하철
10월이 역을 놓치고
지하에 숨어든 사람들은 파도처럼 술렁거린다
모두 한 벌의 결심을 껴입고
먼 바다를 향해 가는 중인데
갈치 이빨처럼 날선 목소리가 사정없이 등을 민다

도착한 녹번역,
5번 출구에서 은백색 갈치를 다듬는 할머니
바다의 기억들을 재빠르게 잘라낸다
얼음의 각이 날카롭다

갈치와 나란히 악보를 교정하는 가을
잊혀진 보르네오 섬의 파도가 채워지고 있다
한 줌 남은 바다냄새에
백색의 갑옷이 출렁거린다

상사화

그녀의 편지를 읽어낼 때
뇌의 자각도는 0.5페라리 속도가 빨라진다
머핀을 한 입 물고 가슴이 몽글거릴 때에도
각자 몸신의 구역에선 구제의 손길을 내민다
심장이 뜨거워지기 시작한다
열기구에 올려 보낸 파리 몽마르뜨 추억이
불붙고 있다
꿈의 간격에서 부르는 휘슬
소문마다 노란 시가 걸려있다
타워꼭대기에 올려진
오르가즘

전 하 라

계간 <스토리문학> 시 등단, 계간 <수필춘추> 수필 등단, 고려대 평생교육원 시창작과정 수료, 한국문인협회 회원, 한국현대시인협회 회원, 한국스토리문인협회 홍보이사, 안산문인협회 이사, 은평문인협회 회원, 문학공원 동인, 자작나무수필 동인, 계간 <스토리문학> 편집장
시집 『발가락 옹이』, 『구름모자 가게』, 가곡집 『동강할미꽃』
가곡 작시 <봄날 연가>, <동작대교 연가>

다시 강가에서 외 2편

김 숙 경

강은 지난날을 되돌아보지 않는다
그저 길을 따라 흘러갈 뿐이다
한가롭게 떠있는 물새떼에게 눈인사를 건네고
서걱대는 수초들을 쓰다듬어준다
넉넉한 하늘 올려다보며
잡다한 것들을 물결 위에 얹어
일력을 천천히 넘긴다
강은 아무 말 없이 비를 껴안으며
그의 흔적을 더듬어본다
뚝방길 함께 거닐다 걸을 수 없으면
업어 주겠다던 마음 따뜻했던 언약
그의 근황 은근히 물어보지만
강은 결코 시간에 관한 안부를 말해주지 않는다
어스름 어둠이 파발처럼 들판을 가로질러 달려오자
다급한 해는 제 그림자 길게 늘어뜨리고
강 복판으로 걸어 들어가 지친 몸 누인다
어느 지붕 아래 살아갈 그도
주목 그늘서 미풍에 땀을 닦으며
건강한 미소를 짓고 있겠지
그와의 약속한 언어가 은결 위에
새벽빛으로 번진다

자작나무와 말굽버섯

외곽에 있는 친구 에이커리스 acres 집을 방문했는데
그곳에 자작나무로 둘러싸인 예쁜 길이 있었다
절로 흥겨워 콧노래 부르며 걸었다
이곳에 시화전을 하면 멋지겠다는 생각도 했다
그런데 친구 남편이 도끼를 들고 와서
자작나무에 기생하는 말굽버섯을 따서 준다
버섯이 자작나무 수액을 빨아 먹고 자라
결국 나무가 죽는다고 한다
말발굽 모양의 기이한 버섯이 실은 나무의 암이다
차를 끓여 먹으면 버섯에 있는 베타글루칸이
항암효과와 당료에 좋다니 주는 대로 따서 담는다
자작나무가 가엾다
얼마나 아팠으면 등뼈가 하얗게 드러날까
왠지 미안하고 짠하다
나 살자고 너 죽인 저 말굽버섯을
신주단지 모시듯 하는 내 꼴도 우습다
사람의 욕심이 이런 것인가
부끄럽다

바람의 외침

수많은 젖은 발자국이 구름 위로 둥둥 떠다니는 걸 보셨나요
지상엔 촛불만 딩굴고 태극기는 하늘 높이높이 올라가요
마음과 마음이 하나 되는 바람소리 들으셨나요

발자국이 눈물을 토해내는 것 보셨나요
파도에 휩쓸려 간 모래 위에 찍은 수많은 발자국들
소라의 귀가 되어 울부짖는다고 하네요

광화문 촛불과 태극기가 바람에 너무도 크게 흔들거려요
백년 후 후손들은 무어라 말할까요

자유 민주주의
대한민국 만세

바람의 외침에 눈물을 쏟아내는 무궁화

김 숙 경

서울 출생, 아호는 예은(禮誾), 예현(藝玄) 캐나다명 Stella
경희대학 졸업, 서울 공립 고등학교 교사 역임
월간 <순수문학> 시부문 등단, 계간 <스토리문학> 시조부문 등단
캐나다 에드몬톤 얼음꽃문학회 5대 회장역임, 한국문인협회 회원
한국현대시인협회 회원, 해외문학(미주) 편집위원, 한국스토리문인협회 자문위원, 제17회 영랑문학상 본상수상
시집 『시월애(詩月愛)』, 『백지 도둑』
수필 동인지 『아버지와 자작나무』
이메일: aka_stella@hanmail.net

그놈 말이야 외 2편

- 감꼭지에 매달린 풍선

김 태 호

날씨가 쌀쌀한데 말이야 모두 옷깃 세우고 목도리 둘렀는데 말이야 언니만 목이 휑하지 뭐냔 말이야 나는 내 목도리 풀어 줄 마음이 모자란데 말이야 그렇지만 그냥 지나 칠 수 없었단 말이야 얄팍한 손길로 다가갔단 말이야 언니야 그 고운목도리는 어찌했단 말이야 목에 두르지 않고 말이야 목도리 대신 옷깃을 세워 드렸단 말이야 아니야 목조이면 안 된단 말이야 가슴에도 바람이 들어야 된단 말이야 꽈리처럼 가슴이 들떠야 한단 말이야 탱탱하게 말이야 그래야 꿈도 꾸고 바람꽃도 안아보고 숨을 쉰단 말이야 목조이면 숨막힌단 말이야 가슴이 부풀 때 말이야 글쎄 말이야 나를 감나무 밑으로 끌고 가서 말이야 감꽃목걸이 걸어주고 말이야 눈감기고 입막고 말이야 내 입술 훔쳐간 놈 말이야 내목에 매달리던 그놈 말이야 감 익을 때 감 따러 돌아오겠다던 그놈 말이야 그놈의 약속 같은 거짓말만 남기고 말이야 나는 그 놈 말에 목매달았지 뭐냐 말이야 그때 부터 말이야 나는 그놈 목매던 목도리는 이렇게 말이야 바람 빠진 앙가슴에 품고 말이야 꽃바람 부풀리듯 가슴만 감싸고 말이야 만져보란 말이야 얼마나 뜨거운가 말이야 얼마나 곪았는가 말이야 얼마나 말캉한가 말이야 까치 파먹은 얼어터진 홍시처럼 감꼭지에 찔린 풍선처럼 말이야

수시로 흘리다

나는 문밖을 울며 나왔다고요
그날 상여 메고 물 건너 뒤따라 발맞춰 갈 때였고요
요령잡이 넉살에 요령소린 후렴이고요
상두꾼이 흘린 땀방울은 한뉘의 경건한 눈물이고요
'이제가면 언제 오나 원통해서 못가겠네' 버틴 뚝심은
헌신적인 헌신짝 뒤축 닳은 짚새기와 노잣돈의 문제이고요
상여 줄 어깨로 흘러내린 눈물에 피고름 맺히고요
더벅머리 상여 메면 안 된다는 어머니 말씀은 정화수고요
부정탄다 옴 붙은 악담은 점바치의 상술이고요
단벌바지 찌든 풀물 지워지지 않고요
밤에 핀 밤꽃 향 아직도 아찔 하고요
밤 서리 때 몽둥이 휘두르던 아저씨 상여타고 떠난 한참 뒤
가끔 몽상처럼 꿈속을 찾아와 웃어준 날은요
생각잖은 공술에 말보루도 한보루나 덤으로 안겼고요
사방공사 보막이 밀린 품삯 실낱같이 풀렸고요
영장발기부전 (영장 발부하기 전) 이 빠진 두레상 입덜려고
식구 몰래 도망치듯 자원한 제2훈련소 입대날짜 통지 왔고요
해보기 여러 해 지난 엊그제 하늘공원 화장실에서
화장고친 연놈은 불경하고요
가성의 곡성과 진성의 진면목은 어떤 차이점이 있냐고요
당신은 감지 못한 속눈썹에 맺힌 이슬방울 훔쳐봤냐고요

히알루 드롭[2] 점 점 점 떨구고요
나는 여기서 왜 울고 있냐고요

2) 안구건조증 점안액

후암 삼거리

돌사다리 곤추선 서울역 11번 가파른 출구를
더듬더듬 가까스로 빠져 나왔다
가로등은 눈 떴지만 눈 뜨나마나 대낮에도
어둡기는 마찬가지다
길바닥 더듬이를 여벌로 잡은 그녀가 길을 묻는다
여기가 삼거리 가는 길 맞나요?
네 곧바로 쭉 올라가면 되요
한참 앞서가다 갈고리 ?가 뒷덜미 끌어당겨 되짚어 간다
미끄럽기도 하고 같은 방향인데...
검정 비닐봉지 매달린 왼손을 덥석 잡아 끌었다

그러시면 고맙지요 미안은 하지만요

그녀는 길 더듬이 마디를 세마디 접고
비닐봉지 똘똘 감아 지팡이와 몰아 쥐고
맨손으로 연인처럼 팔짱 낀다

빈손이 따시다 참 따시다

삼거리 어느 쪽인가요
힐튼 쪽인가요 용산고등학교 방향인가요

혜심원 쪽인가요

혜심원을 아시나요

네 나도 이 근처에 삽니다

삼거리 맞은편 신호등에 걸린 정지등 빨간 불빛

함박눈 맞으며 푸른 등 기다린다

눈발이 콧등을 녹이고 있다

김 태 호

함경남도 홍원 출생, 계간 <스토리문학> 등단
고려대학교 평생교육원 시창작과정 수료, 한국문인협회 평생교육원 시창작과 수료, 한국스토리문인협회 자문위원, 문학공원 동인
시집 『그림자 지문』, 동인지 『꿈을 낭송하다』 외 다수
가곡 <찔레꽃 사랑>, <이산의 노래>, <약수터에서>

허공을 임차하다 외 2편

김 무 늬

종로떡집 가판대에 낙찰될 운명들이 즐비하게 앉아있다
제각기 옷단장을 하고 지나는 눈길들에게
애원하듯 고개를 길게 내민다
분칠이 서투른 절편은 단아한 매무새를 펼치고
일곱 가지 색동저고리를 입은 무지개떡은 너무도 당당하다
한낮의 열기가 부담스러운 그들을 위해
한 평 남짓, 허공을 빌린다
사방으로 펼쳐진 201호, 점프하는 날개들이 가득하다
손을 뻗어도 닿지 않는 시야 창문이 없어 누구든 쉬 드나든다
햇빛만은 허락하지 않겠다고 능숙한 날개 펼치며
단단한 기둥하나 굳건히 버티고 있다
빗금을 치며 내려오는 바람의 시위
지나던 구름이 눈치를 살피며 비껴간다
계절이 바뀌고 제 그림자 차츰 등 뒤로 넘어갈 때
오랜 부재가 불러온 역효과의 과신過信
절편은 아직도 허공을 임차 중이다

견고한 물[3)]

바람의 꼬리가 길어질수록 계절은 더디기만 했다
하얀 물의 속살을 한 움큼 쥐고 살아낼 수는 없을까
구비쳐 오르는 물살을 대할 때마다 나의 위는 길어져만 갔다
아쉬움이란 차오르는 위를 절제해야만 하는 것이다
오늘 같은 날이면 찰랑대던 일상에서 너울성 파도를 타고 싶다
기대가 큰만큼 폭발성도 크게 따른다
겨울에 대한 이야기가 끝나갈 무렵 나의 계절은 또 하나의 겨울을 준비한다
수평선에 걸린 노을이 점점 제 빛을 잃어갈 쯤
이야기의 구도는 점점 확장되어 가고 물의 전개도가 펼쳐진다
점점 옅어지는 구조로 물에 가까이 다가간다
살갗의 솜털이 연인의 손끝에서 잦은 떨림으로 온다
빗방울의 촉수에 물의 피부가 제 등살을 일으킨다
물은 연어처럼 되돌아오지 않지만
어머니의 양수를 그리워하는 나는 늘 연어처럼 물로 되돌아간다
늘 가슴으로 열고 기다렸던 어제가 밀물되어 돌아오면
크나 큰 파문으로 생을 다그칠 때 마지막을 타전한다
작은 웅덩이를 작게 채우고 큰 웅덩이를 크게 채워
모든 것을 수평적 사고에 이르게 하는 당신
나의 위장에는 늘 위대한 하나님이 살고 계신다

---

3) * 김낙호 시의 물의 유전을 패러디하다

수선하다

출근길 치맛단을 줄이기 위해 옷수선집을 찾았다
아직 이른 시간인지 셔터문은 굳게 내려져 있다
돌아서려는 수선집 간판에 옷이라는 문구가 힘차게 걷고 있는 것이다
언제부터인가 나의 몸은 둥글게 말려갔다
굴렁쇠가 되어 옆을 바라본다거나 뒤를 돌아본다는 것은 한 번도 생각하지 못했다
시간이 흐를수록 나의 속력은 빨라져만 갔으며
과속 방지턱을 만날 때면 나의 몸은 하늘로 치솟아 오르곤 하였다
나의 잘못은 아니라는 듯 합리화라는 편리한 습관으로 채워갔다
매번 철이 바뀌거나 지루해지면 버리게 되는 소모품
사람도 한평생 더러는 헤어지고 남루해지면 외면당하지 않던가
마치 옷과 다를 게 무엇이던가!
환하게 피어나던 날처럼 거침없이 날아가던 그 시절이 그립다기보다는
다 헤어져 너덜거리는 헌옷이 되어가는 내가 오늘 아침이 짠해지는 것이다

김 무 늬

전남 출생, 계간 <스토리 문학> 시 부문 등단, 고려대학교 평생교육원 시창작과정 수료, 한국스토리문인협회 회원, 문학공원 동인, 다울문학 회원, 제6회 스토리문학상 수상
동인지 『달리는 미술관』, 『가슴에 이는 파도』 외 다수
이메일: apfh007@daum.net

낮에 뜨는 달 외 2편

정 이 산

그대와 나의 사랑은
해와 달과의 사랑이어라.
그대가 해님이라면
나는 달님이라오

그대를 향한 사랑이
내 마음에 부풀어 올라
보름달처럼 가득 차면
그대는 멀리 떠나가고

그대를 향한 사랑이
내 마음에 차가워져서
초승달처럼 쪼그라들면
그대는 가까이 다가오니

그대를 향한 사랑을
내 마음속에 항상 담아
반달처럼 고이 간직하여
낮에 뜨는 달이 되리라.

송곡리 은행나무 단풍길

가을이 떠나가기 아쉬운지
아산 현충사 앞 곡교천변
송곡리 은행나무 숲길에는
샛노란 별들이 떨어진 듯
가을을 노랗게 물들이고 있다.

'필사즉생 필생즉사必死則生 必生則死'
이순신 장군의 얼이 서린 곳
그 우국충정에 감복한 듯
은행나무들도 만추가 되면
황금빛 단풍으로 불 밝힌다

임진왜란 때 무참히 살육되어
쓰러져간 민초들의 원한이
송곡리 은행나뭇잎으로 피어나
충무공의 승전을 축하하는 듯
노란 금빛 잎새를 날린다.

이 땅의 평화는 공짜가 없고
황금 잎새 같은 국부가 있어야

힘의 의한 평화가 있다는 것을
현충사를 찾는 우리들에게
샛노란 낙엽들이 말하는 듯하다.

겨울 제주 여행의 백미

제주도 겨울 여행을
십이월 관광 비수기에
시간 내어 천천히 다녀보면
아주 특이한 나무가 있다.

제주 공항을 벗어나
서귀포항으로 가다 보니
길가에 싱싱한 푸른 나무에
붉은 열매가 달려 있다.

하도 색이 강렬하고 예뻐서
"저 나무 이름이 뭐예요?"
지나가는 사람에게 물으니
'먼나무요' 말하니 이상하다.

빨간 '사랑의 열매' 처럼
새들에게도 눈에 잘 띠어
새 먹이가 되어 멀리 퍼져서
배설물에서 씨가 자란다.

따뜻한 봄에 피는 벚꽃은

열흘 일도 못 가서 떨어지지만
'먼나무' 빨간 열매는
겨울부터 봄까지 불 밝히니

제주는 먼 섬이지만
아름다운 '먼나무'가 반기니
겨울 여행이 더 멋지고
강인한 생명력을 느낀다.

정 이 산

호(號)는 다원(茶園), 충남 부여군 출생
한양대학교 법학과 졸업, 고려사이버대학교 실용외국어학과 졸업
2004년 8월호 <월간 스토리문학> 시부문 등단
한국스토리문인협회회원, 문학공원 동인, 시마을 동인
정이산 문학카페 홈페이지 주소 : http://cafe.naver.com/isan

○의 분홍 외 2편

양 현 주

바람은 난해한 질문을 던지기 일쑤

가렵다
꽃가루 알레르기 같은

저기, 빛과 늪이 공존하는 아프리카 숲
어둠이 몸속에 박혀있는 기억을 뽑아낸 후 뾰족한
별 화살을 산란했다
한 바퀴 몰아친 ○의 회오리바람

절정에 든 야자나무는
탐스런 대낫에 그늘을 늘어뜨리고
꽃잎 소복한 저녁을 맞는다

사바나의 멋을 아는 코코넛에 심취했다면 그것은
온전히 야자나무 덕분이다
원숭이든 고릴라든
야 - 자아 자,
한번 오르면 쉽게 내려설 수 없는

나무의 기름진 등을
사랑하게 된다

이때, 모서리 없는 ○의 달그림자는 원의 숲 그늘마다
얼굴 빼꼼 내민다

위험천만 짐승들의 속내는
알 수가 없고
한 손에 잡힐 듯 잡히지 않아
생각만 데굴데굴 구르다 멈추는 동그란 구멍 속에
완성되는 로맨스

덜 채워진 초승달의 틈새로
무한대 ∞가 일정 없는 시간을 풀고 개구멍을 빠져나온
노란 달이 웅크려 달, 달달
길을 밝힌다

○의 도발처럼

나는 종종 인연을 연인으로 읽는다

인연에도 격이 있다
분위기를 골라서 쓰는 모자와는 다른

첫말이 끝말에 닿기도 전에
안녕,
이라는 말 한 마디
디딤돌을 놓지 못한 가벼운 인연은
손보다 먼저 눈이 스캔한다

출근길, 눈에 잠을 매단 발바닥은
딱딱한 길의 습관

책갈피에 접힌 유통기한 지난 후회
감정의 서류뭉치들이
캐비닛에 처박힌 먼지처럼
무겁다

등걸에 앉아 별 떨기를 딸까

북쪽 벌판을 건넌 사자좌의 별들이 고요를 치켜들고
세상 밖으로 나왔다

별의 뼈를 핥아 먹은 연인이 달빛 아래
나무를 키운다

달의 헛기침은
어느 들판에서 두 번째 애인을 맞을까?
사라질 듯 사라지지 않은 별의 이름들
옹골지게 정情을 놓지 않은 탓에 달을 껴안고
열꽃이 핀다

나는 종종 인연을 연인으로 앓는다

홀로코스트

안개가 철조망에 툭, 걸려있어요 다하우 강제 수용소에 갇힌 머리꼭지를 따며 불볕을 훔치는 손아귀가 서늘해요 한 줄로 서서 순서를 기다리는 풀 죽은 땀이 뚝뚝 떨어지고 있어요 한여름 피땀을 뒤집어쓴 엄마 이마를 쓱 만져주고 싶어요 수용소 밖으로 삐져나온 목쉰 소리가 아우성쳐요 안개를 먹어 웃자란 꿈, 머리채가 뽑혀요 뜨거운 빛깔로 키를 늘이는 시간, 운동장을 나란히 걸으며 그들은 천천히 죽는 공부를 해요 안녕, 학교가 들어오는 소리가 들려요 군인은 빗소리같이 털털한 친구들을 몰고 막사에 검은 구름을 초대했어요 곧 시뮬레이션 게임의 시간이에요 우리는 욕실에서 샤워하듯 청춘을 벗어요 푸른 옷을 벗자 붉게 더 붉게 느린 걸음으로 저린 시간들이 쏟아져요 소싯적 친구들이 지워지고 사람들과 멀리 떨어져있는 건조기가 우리들의 지혜를 쪼글쪼글 말려요

난 정말 죽은 걸까요

화장실에 숨어 변기시트가 엉덩이를 다 파먹도록 탈무드를 읽어요 왈칵, 변기물이 넘쳐요 내 몸의 물을 빼앗긴 나는 미치도록 허기져요 부스러진 나치의 문양 같은 검붉은 쇳가루가 수북이 쌓여요

양 현 주

충북 괴산 출생
2003년 계간 <크리스찬문학> 시부문 신인문학상
2003년 평화주제문학작품공모전 입상
월간 <스토리문학> 2004년 올해의 작품상 수상
2014년 계간 <시산맥> 등단
2018년 시집 『구름왕조실록』

서랍 속의 바다 외 2편

김 영 규

마른 풀 소리를 내며 덩그마니 놓인 서랍
열쇠를 꽂으려하자 삐걱- 삐- 걱 소리만 요란하다
누구도 돌보지 않은 긴 시간 찌들어
텅- 비어버린 속을 구기고 뒤틀며 반항하듯 독기를 품은 서랍에선
초겨울 새벽 옷깃에 사각이던 마른 바람 냄새가 났다

날마다 물때였다
시도 때도 없이 열쇠가 꽂히고 뻔질나게 문이 열리고 닫히며 스스로도 반짝반짝 윤이 나던,
때마다 펼쳐지는 드넓은 만조의 바다에 끼룩대는 갈매기와 철썩이는 파도소리
그리고 생동감 있게 살아 움직이던 간조의 개펄

내광쓰광하여 서로를 밀어내며 서로에게서 내동댕이쳐졌던 극한의 시간 속에
단단하고 반짝이던 시절은 시나브로 잊혀지고
푸석푸석 녹이 슬며 나날이 사위어 퍽퍽한 세월에 기대어가는 열쇠
구멍을 찾기에도 버거운 행보였다
자물쇠도 세월을 닮아갔다

가뭄이 들어 바삭거리다가도 불뚝불뚝 솟구치는 핏대
시뻘건 피를 토하는 긴 우기雨期를 지나면
안으로 안으로 곧추세우고 빗장을 건 마음이 함께 녹슬고 있었다

억수 같은 폭우에 섬 하나 동동 뜨던 칠흑 같은 밤
또 한 번 녹슨 칼날이 굿판처럼 휘몰아친 뒤
주검처럼 널브러진 서랍
정적이 조심스럽게 곁을 지키고
다가 선 열쇠 머뭇머뭇 옛 시절을 더듬었다
서먹서먹 녹을 털어내다 빠르게 반짝이는 모습으로.
서랍은 더 이상 삐걱대지 않았다
서서히 밀물이 차오르고 갈매기가 끼룩대며 급기야 만조의 바다가 춤을 추기 시작했다
철썩~ 철썩~ 파도를 끌어안고 그렇게 한동안 춤을.

그리고
조용히 닫혔다

비 개인 어둠 속에서 밤꽃이 스물스물 고개를 들고 있었다

꽃은 지려는가

이를 악물고 참으려 발악해도 자꾸 주눅이 들어
몽정夢精 같은 설움 울컥 토해내면
내 세월의 살갗이 얇아
가슴에 무기수의 편지처럼
슬픔이 멍울로 만져진다

햇살,
아침부터 빳빳이 세워 고개 디밀던
무성하던 숲의 전설은 잊혀졌다
벗자
갈대 성성한 노을 아래 춤추는 물결처럼
눈부신 자태로 눕자
달포 남짓 젖 물린 아들의 잇몸 사이에서
자지러지던 젖꼭지를 드러내며
스무 살 꽃다움으로
저 이빨 사이에 꿈을 물려주자
얼굴이 달아오르고 땀이 흥건해진다
한기는 오슬오슬 기어오르고
두 팔은 절로 온몸을 감싼다
벌어진 입술 사이로 빼곡한 선홍빛 유혹
허겁지겁 한바탕 안고 뒹굴면

선혈 낭자한 초야의 금침

갱년기,
참 지리하고 구차한 몹쓸 것들의 배회

정녕 꽃은 지려는가?

여치가 버스 창가에 붙었어

여치가 버스 창가에 붙었어.
무슨 일이지?
놓아주려해.
어디로 보내야할까?
창문을 빼꼼 여는데
틈을 비집고 바람이 지나네.
지금 막-
참았던 내 호흡을 슬쩍 건드리며
열기를 훅- 뱉으며.
쭈욱 훑고 간다
바람에게서 너의 긴- 신음소리를 들었어
그 입술 사이를 비집고 나오던…
여치가 다리를 부빈다.
저 가랑이 사이로도 바람이 지났나 보다
객쩍게 섭섭한 웃음을 흘리다
해묵은 그리움을 툭툭 털어내며
홀로 입술만 빨고 있다.

김 영 규

강원 평창 출생, 한국문인협회 회원
한국스토리문인협회 회원, 문학공원 회원(문학공원 전신 포푸리 문단 창립회원)
한맥작가협회 회원, 회전그네시인회 회원

어둠을 사열하다 외 2편

한 성 춘

어둠보다 더 어두운 어둠과 같이 온 어둠은
새벽에게 새벽길을 내준다

바람난 바람은 새벽길로 납작 엎드려 오고
구름은 구름타고 굴러서 온다
하현달은 반쪽 문이 닫힌 채로 오고
별은 장군들과 함께 열을 지어온다
하늘은 하늘하늘 춤추면서 온다
안개는 안개더미 속에 숨어서 오고
이슬은 이슬 머금고 온다
장미는 미인과 함께 오고
찔레꽃은 찔레에 찔려 아파하며 온다
나무는 나뭇잎 사이로 숨어서 온다
가로등은 가로등을 들고 앞장서고
전봇대도 귀를 쫑긋하며 따라 온다
시냇물은 시냇물 타고 오고
유월도 오월 뒤에 따라온다

달과 별이 소곤대는 소리에
산은 기지개를 켜고 눈을 비빈다
참새와 까치들이 어둠과 새벽을 넘나들면서
새벽을 완창한다

해바라기 시창작법

담장보다 키가 더 큰 그는
둥글고 넓은 노트를 꺼내들고 시를 쓴다
풀벌레 소리를 초장으로 쓰고
잡초의 비애와 오이꽃의 싱거움에 대하여 낱낱이 기술한다
호박꽃과 봉숭아꽃이 주고받는
담 밑에 떨어진 호박의 소유권을 두고 다툰
이웃 간의 이야기를 적어둔다
어미 소가 커다란 눈을 껌뻑이며
세상에서 가장 믿을 수 없는 게 인간이니 조심하라며
제 새끼에게 신신당부하는 말을 받아 적는다
어머니의 장바구니에 함께 누워있던 꽁치와 갈치가
바다에서 여기까지 사람들에게 무자비하게 끌려 다닌
눈물 젖은 길도 물어물어 적어둔다

그가 쓴 시를 읽을 수 없는 나는
그의 얼굴을 한참 들여다보다가
그의 시어 하나를 꺼내 자근자근 맛본다
그가 본 인간 군상들의 민낯이
그의 둥그런 얼굴에 민낯으로 섞여있다

그의 언어에서는 뜨거운 여름 강을 건너와
비로소 만개한 고소한 삶의 맛이 난다

국수 한 그릇

해마다 여름방학 때면
우리 팔남매 사는 좁은 집에 사촌동생 사남매가 덮쳤다
뒤엉켜 놀다가 싸우다가 일하다 보면
한여름 긴 해도 자기 집으로 갔다

어머니는 늘 어둠 뒤에 오셔서
큰 솥에 물을 가득 부어 국수를 끓이셨다
멸치 몇 마리와 호박 몇 점만 둥둥 떠다닌
후루룩 훅 국수 먹는 소리
열두 마리 새끼 돼지들이 어미 젖 먹는 소리
기죽은 사촌동생들 기를 살렸다

어미 애비 보고 싶은 사촌동생들의 소리 없는 반항이
양념으로 뿌려진 국수다
내 자식이든 남의 자식이든 배곯으면 안 되지 하시며
일에 젖고 연기에 젖은 어머니의 손길이
투박하게 스쳐간 국수다
하나뿐인 동생을 잃어 늘 울고 싶으신 아버지
애비 없는 조카들을 바라보며 짓는 한숨이 머문
식어버린 국수다

해마다 여름이면

아린 가슴 풀어주던 어머니 국수 한 그릇 먹고 싶다

한 성 춘

경북 경주 출생 , 계간 <스토리문학> 등단, 성균관대학교 경영학과 졸업, 한국방송통신대학교 경영대학원 경영학석사, 고려대학교 평생교육원 시창작과정 수료. 한국문인협회 평생교육원 시창작과정 수료, 한국문인협회 회원, 과천문인협회 회원, 한국스토리문인협회 이사, 문학공원 동인

시집 『해바라기 시창작법』 동인지 『아내의 문장성분』, 『가슴에 이는 파도』, 『새소리 밥상』 외 다수

이메일: schan22@naver.com

2부

별과 달이 보챈다

인생은 기하학 외 2편

원 종 관

친구야
지금 생각해 보니
삶이란 기하학과 같은 것 같아.

어렵게 공부하던 그것
유크리드. 피타고라스로부터
뭇 석학들의 애기를 오늘에사 생각해본다.

당장은 더하고 곱하고 재곱하면 좋고
빼고 나누고 하다보면 남는게 없어 보이지만
아니잖나.

어쩜 빼고 나누고
시그마 이태그랄 미적분
그런 게 삶의 맛을 주지 않나.

한 치 한 푼도 공짜는 없고
따라 다니는 그 무엇이 있고
애서본들 기하학으로 못 그리는 마음은 또 어찌하고.

유독 기학공부 잘 했던 친구야
오늘 따라 돌아가신
'고로'수학 선생님 모습 떠올린다.

인생은 기하학
아픔과 고통은 서로 나누면 좋고
시기 질투 갈등 같은 건 빼거나 지우면 좋고.

너무 더하거나 제곱 좋아하다 보면 급체하고
그렇다고 덧셈 안하면 늙어 설움 받지.

친구야
우리 서로의 마음일랑
무한대나 이태그랄 미적분 알지
그것으로 가자고.

별과 달이 보챈다

계절은 숨김없이 깊어가고
툇마루에 앉아 무거운 마음의 빗장을 푼다

어제는 쌓인 애증을 함박눈이 가슴 열더니
오늘은 적막 깨우려 낙엽이 골목길을 걷는다

사립문 사이 두고 그대가 청초한 미소로 달님 따라 오더니
바람 따라 잰 걸음으로 멀어져간다

추억은 머물다 떠나버린 바람이런가
상실해 버린 여로이고 장대 위에 나부끼는 깃발이런가

머금은 미소로 가버린 당신
망연한 그리움이라도 남겨둬야지

그놈의 허기진 정을 못 채워
뒹구는 낙엽마냥 길거리 해맨다

내 마음 당신 없는 빈집이면 좋겠다
기다림보다 기다림 채워주는 사람이 되고 싶다

오늘 따라 별도 총총이고 달은 더욱 휘영청이다
줏대 없는 바람이 한바탕 지나간다
분명 추억은 머물다 떠나버린 바람일 거야

회상回想

높은 산 중턱에 걸터앉은 송림 산사松林 山寺에
올라갈 때 보이지 않던 풍경들이 또렷하게도,
걸터앉은 큰 바위 계곡 아래로 병풍같이 펼쳐지네.

깊어만 가는 가을을 물끄러미 받아들이며
고즈넉이 바라만보고 앉았는데
낙엽 한 잎 일렁거리며 한 소식 알려오네,
망각 속에 흘러온 세월, 그렇게 어렵든가 그 말이.

도림선사道林禪師 일러준 의미 있는 일침一針을
"제악막작諸惡莫作, 중선봉행衆善奉行"

점점 좁아져오는 나이테 간격만큼이나 마음은 조여 오고,
세파에 떠다니는 소리, "너, 늙어 봤나! 나는 젊어 봤다."

파노라마 같이 지나가는 뉘우침 속에 업보 따라
생로병사, 희로애락이 노랫가락처럼 흘러가고,
때맞추어 잘 도가는 자연섭리 속에 삶의 바퀴도 어김없이 굴러만 가네.

어디론가 구성지게 울면서 지나가는 이름 모를 산새.

지나가고 있는 행각들이여!
참회 적은 삶을 살아 보게나.

낙엽 지는 가을 지나면
나는 또 어디로 가야하나.
메아리 울려 들어나 볼까.
마지막 가는 길엔 느긋한 마음으로
빙그레 웃을 수 있어야 할 텐데.

원 종 관

아호는 무애(無碍), 경북 경주 출생
육군 사관학교 졸업, 육군대령 예편
서울대학원 경영 관리자과정 수료
계간 <한국작가> 신인상 등단
한국스토리문인협회 회원, 문학공원 동인
시집 『인생은 기하학』 발간

호수와 가을학교 외 2편

주 명 희

잎이 진다고
공부가 끝난 것은 아니지
숙제가 많은 겨울방학이 가까울 뿐
노오란 은행잎과 붉게 물든 낙엽
가을은 준비물도 잘 챙긴다
호수는 하늘을 공책 삼아
반쯤 숙제를 하고 있고
숙제 못한 우리들이 물구나무 서는 공원엔
공부가 아직 끝나지 않은 시간임에도
호수를 베어 먹는
잠자리 몇 날고 있다

봉제산 철쭉

화사한 자태로 나를 부르네
잠시 쉬어 가라고
분홍빛 하늘하늘 옷매무새 가다듬고

조만간 신록의 계절이 온다고
그때는 스치며 지나갈 수 있으니
다음 기약은 하지 말라고

낙엽 지는 가을도
어깨 기대어 함께 보낼 수 없으니
환한 모습을 그려 본다

마니산

파란 하늘에 흰 구름 두둥실
반짝반짝 빛나는 눈꽃
얼음 꽃 대롱대롱
아이젠 한쪽씩 나눠 신고
무서워 벌벌 떨었던
겨울 산행의 첫날

이 풍경을 뒤집어보면
돌고드름이 주렁주렁

주 명 희

계간 <스토리문학> 등단
한국스토리문인협회 회원, 문학공원 동인
강서문인협회 회원
동인지 『상처 많은 풀이 향기롭다』 외 다수

시오리 풍경 외 2편

유 화

시오리까지 강물이 흐르겠는가
강물은 몇 백 만리 흐르겠지만
나의 생은 그냥 시오리까지
가파른 길가 배나무에
배꽃이 시나브로 날릴 때
산 넘어 순덕이내 초가지붕으로
저녁노을이 깔리고
산새 날아간 고얌나무에
하얀 눈이 반딧불이처럼 날려
반짝반짝이는 풍경에 잠긴
고작 살아온 길이 거기까지인데
짝 잃은 고양이 꽃사과 눈빛도
선득 선득하니
애기울음처럼 단잠을 깨우는 밤
그의 엄메와 아베는
고갯재 너머 하얀 안개 마냥
연기를 피우며 출렁 출렁
옛이야기 속에 다정다감하련가
아직도 똑같이 순덕이 눈매 같은

당신의 길섶

아궁이만한 황소바람이 분다.
웅웅대던 그때도 추웠다.
바깥만이 아니라 방 안도 추웠다.
윗목엔 물도 얼었다.
양말 두 켤레로 감싸고도 발은 시렸다.

유일한 건 구들 밑 아궁이였다.
그 옹골진 아궁이 덕에
솥뚜껑 크기로 까맣게 익은
아랫목 비닐장판에 손을 얹고
곤한 몸과 마음이 스르르 잠이 들었다.

새벽 3시든 4시든 아랑곳없이
찌렁찌렁 칼바람 맞아가며
오롯이 아궁이만 지피던 당신
철을 모르고 저만 아는 자식
오십 줄에 든 지금도 아궁이가 먼저고,

처연한 모정은 집 뒷산자락에
잎새 하나 없는 나뭇가지다.
모정이 진한 진짜 따듯한

아궁이는 허물고 흔적도 없이
세상 밖으로 흩날려 묻혀져 갈 것이다.

그리고 봄날은 길섶 따라 와 있으리라.

나무 같은 시를 쓴다면

나의 시는
바람에 흔들리는 가지로 있으렵니다.
헐벗어 휘청이는 채로 있으렵니다.
잎새 한 잎도 없는 채로 있으렵니다.
그래야
어느 날 꽃이 달리고
별이 달리고 새빨간 감이 달리겠지요.
노을이나 달빛은 어떤가요.
언제 저가 한 번이라도
당신을 향해 따듯한 적이 있었던가요.
나무 같은 시를 쓴다면
필연코 저는 겨울나무가 되겠습니다.

유 화

충북 제천 출생, 2004년 월간 <스토리문학> 등단
한국스토리문인협회 회원, 문학공원 동인
월간 <노벨문학> 이달의 시인(2005. 7)
계간 <한국문학정신> 베스트작가(2007. 여름호)
한국문학정신문학상 대상(2010. 38호 가을호)

애증관계 외 2편

신 명 수

흡연금연흡연금연흡연금연흡연금연
흡연, 부러움의 대상인 금연만을 쫓는 금연의 영원한 스토커
금연, 첫사랑을 잊지 못해 늘 위태로워 보이는 흡연의 오랜 짝사랑 연인
연자 돌림의 이복형제인줄 알지만
사실은 습관과 자유의지 사이에서 태어난 사생아
세상에서 가장 독한 존재의 머리와 가장 약한 의지의 육신을 소유한 그들
그들은 적과의 동침의 주인공이자 야누스의 분신
흡연과 금연 그들의 공통분모는 연금
건강과 질병을 볼모로 한몫 두둑이 챙겨 교만해진 연금
그들은 양옆에서 늘 그에게 머리를 조아리거나 아첨을 떨지만
그는 그들에게 눈길 한번 주지 않는다
흡연이 금연에게 너처럼 우유부단한 놈은 처음 봤다며 끌탕을 한다
금연이 흡연에게 너처럼 집요하고 이기주의적인 놈은 난생 처음이라며 눈을 흘긴다
금연흡연금연흡연금연흡연금연흡연

오늘도 남 탓만 하지 말고 너나 잘하라고 서로 삿대질이다

빛바랜 사진 한 장

첨단 디지털 시대의 나는 가장 큰 수혜자이자 피해자
나는 그래서 혼돈스럽습니다
시간과 비용을 모토로 하는 자본주의의 메커니즘
그들과 대적해 최후의 성전을 치른 용맹스러운 전사
건망증으로부터 인류를 구원한 공로에 대한 과소평가
내가 가장 이해하기 힘든 부분입니다
오늘까지도 내가 손오공의 후예라는 것을 알지 못합니다
나는 그 사실이 믿어지지 않습니다
보이는 것이 아닌 보고 싶은 것이 실현된다는 것을 아는 이도 있지요
나는 그럴 때마다 깜짝 놀라곤 합니다
추억을 소중하게 생각하는 사람들이 제일 좋습니다
왜냐하면 나를 가장 사랑하기 때문입니다
스스로는 아무 것도 할 수 없는 게으름뱅이
그런 나에게 열광하며 칭송을 보내는 이들도 있습니다
순간만을 기억하는 속성으로 많은 이들의 상상력을 부풀려 놓는 재주가 출중하지만
그로 인해 많은 비난을 받기도 합니다
빛과 어둠의 경계선에서 탄생하는 카멜레온과 같은 나의 존재는
모든 사람들에게 경이의 대상이 되기도 합니다
기술과 예술의 사생아로 업신여기던 시대를

스스로 복제하며 견뎌온 내 자신이 대견스럽습니다
나에겐 과거만 있을 뿐 현재와 미래는 존재하지 않습니다
그래서 나를 좋아하는 사람들이 늘어만 가는지도 모릅니다
사실만이 퇴적된다고 진실이 되지 않음을 알리는 것
이것이 나의 마지막 소임입니다
그래서 나는 오늘도 시간을 쪼개 찰나를 만드는 역사에 동참합니다

신용불량자의 비애

악의 등급 7등급
선의 등급 7등급
신용등급도 7등급
그의 한숨이 땅거미가 되어 내려앉는다
현실의 악취는 먹구름을 몰고 온다
행복은 너무도 먼 곳에서 기웃거리기만 한다
희망은 높은 곳에서 한참을 비웃다 간다
불행은 예측불허의 변심한 애인과 동거중이다
낯선 이 땅이 희망의 대지인줄 미처 몰랐다
역설이 순리보다 새벽을 먼저 깨우는 필연의 여명인줄 몰랐다
고통이 없음은 새로운 사랑의 마지막 장의 시작임을 몰랐다
쾌락의 끝이 고통의 시작임을 애써 외면하는 신용불량자
아무것도 믿지 못하는 신용재단사의 눈초리가 매섭다
그의 신용을 저울질하기 위해 진심을 갈무리 한다
난도질당한 그의 진심이 백기를 들고 투항한다
추락하는 것엔 신용이 있고 비상하는 것엔 소비만이 있다
그가 맞닥뜨린 견고한 믿음의 성벽 자기복제의 비밀이 담긴 비밀스런 금고
그 계단에 서 있는 그의 눈동자가 흔들린다
억울한 주홍글씨인줄 알았더니 행운의 부적이었다

7성급 호텔에서 바라다보는 그의 시선이 머무는 칠흑 같은 꿈의 낭떠러지

그의 선한 눈동자에 북두칠성이 초승달을 타고 내려앉는다

신 명 수

서울 출생, (주)엔터윈 대표이사
계간 <스토리문학> 등단
고려대학교 평생교육원 시창작과정 수료
한국스토리문인협회 이사

할머니 첫사랑 외 2편

김 태 영

아마도 일흔은 훌쩍 넘었으리라
반쯤 구부러진 허리에
머리가 하얀 할머니 여고생
곱게도 단장을 하셨네.

분홍색 머리띠를 두르고
진주 목걸이에 멋진 선글라스까지
갖은 폼을 다 잡으며
소녀 같은 표정에 목소리가 떨린다.

주부학교 문예행사 무대 위에
옛날로 돌아간 할머니의 떨리는 목소리
첫사랑의 이야기를 글로 적어 읽다가
기어이 눈물을 흘린다.

반백년 전 첫사랑은
아직도 저 할머니를 울리고 있다

기다림

머나 먼 나라 낯선 멕시코에서
혼자 남아 외출한 딸을 기다렸다

옛날 내 어머니도 지금처럼
먼 곳 바라보시며 날 기다렸을 것이다

아파트 모퉁이를 돌아 들어오는
딸아이의 자동차가 창밖으로 보인다.

활짝 웃으며 들어선 딸아이
엄마, 또 창밖만 바라보고 있었구나.

눈물도 나고 좋기도 하고.

복수초

저 꽃 참 뜨겁다
눈 속에 피워 올린 사랑

겨울이면 어떻고
눈보라 치면 어떠랴

꼭 내 사랑 닮았다.

김 태 영

2006년 월간 <문학공간> 신인상 등단, 섹소폰 연주가
한국문인협회, 서울시인협회, 한국스토리문인협회 회원으로 활동 중
시집 『해바라기 연가』 2013년
ssk2795@hanmail.net

푸른 지름길 외 2편

박 승 연

대로변 따라 늘 텃밭으로 가다가는,
지름길이 있다는 말에 산길로 들어서 더듬어 찾아간다
내가 살고 있는 동네 옛 지명은 성고개,
텃밭 있는 곳은 가살피다
대로가 없던 시절에는 마을과 산중을 거쳐야 했다
고향의 향수 체험하듯 적막한 아침의 산길은
늑대 여우가 튀어나올 것 같은 에움길이다
누구나 어머니의 자궁길을 벗어나면서 한평생 길을 오가며 산다
삶은 길 위에 꽃이 피고 새옹지마 길을 만나
하늘길로 마침표를 찍는다
지름길에 옛 지명이 흑백사진에서 칼라풀로 그려지고
바람소리에 산뜻한 노래를 부른다
군데군데 멧돼지가 다녀간 흔적이 있다
그들도 나름의 영역에서 놀다가 갔나 보다
산길을 막 빠져나와서 가살피에 도착하니,
텃밭에 무는 한여름 길을 청청한 길을 걷고 있다

오늘 나는 푸름의 지름길을 걷는다

불두화

어디서 많이 본 듯한 그러나 낯이 선 꽃이었다네
우리 집 뜰 나무를 보고 신 선생은 수국도 있네요 한다
산 아래 오시면 벙어리 아저씨가 심어 놓은 수국 꽃이
보름달 뜨면 꽃이 둥둥 떠서 하늘 소풍 떠나신
아저씨의 득음이 꽃으로 익어갔던 이야기 들을 수 있을 것이라 했다네,
나도 들었네, 보았네 득음의 울림 보고 서야 어둠을
꽃말'처럼 생을 승화시키고 바람으로 가버린 그분의 삶을
담았다네, 신 선생은 어릴 때 득음으로 풀어내는
아저씨가 무서워서 반 세기 훌쩍 넘어
득음으로 일구던 돌밭이 푸르게 자라 산모퉁이
환하게 피어난 꽃으로 오가는 사람들 저마다 호사를 누려주는 것에
꽃으로 웃던 아저씨 얼굴, 꽃가지 잘라 베풂은 동네 구석에는 마당에
불두화 꽃이 없는 집이 없다는 전설이 되어버린,
꽃밭을 이야기하자 하면서 며칠 후 보름달 뜨면
신 선생과 약속했던 목각의 풍경으로 어하 둥둥 꽃의
사랑 득음으로 피어낸 희망을 시 한 수,
수화로 읊는다네

신 선생도 나도 알았네 수국이 아닌, 불두화

잡초가 가는 길에

텃밭에 쌓아둔 잡초 무덤에서
연기가 올라온다
서로를 부둥켜 앉고서
한 많은 생, 살았을 그들이
울지 못 했던 아픔을 토해내듯이
뜨거운 눈물은 발효되어서
흙에 환원하는 산물 덩어리가
되는가 보다

누가 천덕꾸러기라 했던가,
짓밟히고 무시당하던 그들의
눈물을 보았는가
아픔도 사그라지는 마지막 가는 길에 그들이 남기는

황금비율은 선구자가 아닐까

박 승 연

아호는 은천恩泉, 인천 출생, 2008년 월간 <스토리문학> 등단
한국스토리인협회 이사, 한국문인협회 시분과 회원, 한국문인협회 서울지회 이사, 한국문인협회 도봉지부 사무국장, 인천서구문화예술인회 회원, 대체의학 시치유사 1급 지도자, 노인대학 시치유 강사
시집 『가시나무새의 눈물』, 동인지 『애인』의 다수

살풀이 외 2편

김 경 희

흰 소복에 외씨버선
나올 듯 말듯 수줍게 내미는 것은
저승을 찾아가 그리운 영혼을 만나고 싶은
그대의 발걸음 인가

세상의 연륜이 배인 황혼의 무희는
단정히 쪽진 머리 흰 소복에 몸 감싸고
한을 풀어가는 그 몸놀림은 가슴속 서늘한 바람 이네

면사포 굽이굽이 흐느끼며
여린 듯 달래는 듯 영혼을 부르며
숨죽이며 고이 내딛는 버선목에 눈물 고이네

면사포 한 올에 마음실어
멀리 구천에 있는 영혼에 마음 엮어 올리니
서럽도록 흰 소복의 몸놀림은
눈물로 함빡 이슬 먹음은 이승의 한 떨기 백합이네

어느덧 무희의 외씨 버선발은 숨 가쁘고 빠른 뜀새로
허공을 부여잡고 회오리의 원무를 그려 나가네

그리던 영혼을 만났나 보다

한 걸음 물러서며
지친 듯 탈진한 듯 흐느끼는 몸놀림으로
면사포 부여잡고 몸을 가누네

구천의 영혼은 마음줄 연결하여
살아 있는 영혼의 애틋한 마음 느끼고
위로 받고 멀리 멀리 떠나는가 보다

외씨 버선발로 숨죽이고
뒷걸음치며 휘감은 면사포에 반쯤 얼굴 가리고
어깨 들먹이며 전송하네

한참 뒤 박수소리 들리는 가슴마저 먹먹해 지는 춤

눈가에 이슬 맺히네

* 효창공원 백범기념관 3.1운동 제96주년 항일 여성선열 추모식에서

함박눈 내리는 날

함박눈 내리는 날
허브랜드는 오색찬란한 꽃등으로 꾸며져 있고
심호흡할 때마다 향기는 폐부로 스며들어 머릿속까지 꿈속을 헤매이고
착한 마음 둘이 만나면 너무도 행복하고 축복받는 천상의 날이 될 것도 같았다

감동 잘하고 마음이 여린 나는 천국 같은 꽃내음 폴폴 풍기며
목화송이처럼 순백의 깨끗함을 더하는 눈송이마저 아낌없이 퍼붓는 이곳에서
잘 어울릴 것 같은 오누이처럼 눈에 들어오는 전부터 생각해둔 한 쌍이 보였다
축복과 더불어 서로 행복한 친구가 되기를 진심으로 바라며
열심히 그날의 추억을 선물하려 셀카를 찍어주었다

미소가 예쁜 그녀는 더욱 우아한 미소를 지었다
그 마음 읽을 수 있었다
용기를 내어 상대편의 의향도 물어보았다
의외로 인연을 만들지 않겠다고 한다
삶의 무게가 무거운 그녀를 책임감을 가지고 돌보아 줄 수 없다고 한다

정말 엘리트다운 대답이다

오랜 연륜을 거치며 책임감을 가지고 살아온 삶의 현실이 거기에 있었다

펑펑 내리던 함박눈도 어느새 그치고 해는 저물고 추위는 엄습해오고

우리 모두는 각자 자기의 조그만 보금자리를 향하여 갈 길이 바쁜 나그네들이었다

다시 한 번 인연에 대해서 생각해보는 시간이 되었다

살을 에는 겨울날의 눈보라는 매서웠다

너의 이름은

유성우流星雨가 비 오듯이 쏟아지는 칠흑 같은 밤
혼줄을 놓을 만치 큰 운석의 덩어리가 몇 백 킬로미터로
하늘과 땅에 화려한 불놀이를 펼치며 조그만 시골의 한 마을을 집어삼켰다

넋을 잃고 바라보던 소녀는 마을 어귀에 있는 동굴로 전속력으로 뛰어 들어갔다
며칠 만에 눈이 부신 햇살에 일어나 보니 마을은 잿더미가 되고
사람들의 생사는 알 길 없었다 불끈 쥔 두 주먹 털고 일어나며
살며시 펴본 왼쪽 손바닥에 '사랑해'라고 적힌 글씨
학교 등굣길에 늘 자전거를 타고 다니는 그 소년이 유성우 내리던 날
하굣길에 처음으로 손을 잡으며 집에 가서 보라고 적어준 것이었다
차라리 이름 석 자를 적어 주었으면 얼마나 좋았을까

몇 해가 흘러 도시에서 살게 된 두 젊은이 항상 첫사랑의 이름과 생사가 궁금했다
어느 날 지하철의 긴 에스컬레이터에서 우연히 상하로 교차하던 그들
예쁜 숙녀의 긴 머리에 빨간색으로 묶은 실을 보고

옛날 학교길 소녀의 단발머리에 항상 묶여있던 빨간 끈 떠올렸고
급히 손을 저으며 다음 층계를 뛰어오른다
그녀도 층계에서 급히 내려오고 있었다
두 사람의 첫사랑은 그렇게 빨간색 머리끈으로 굳게 매듭지어 있었다

김 경 희

계간 <문학시대> 에 황금찬 시인의 추천으로 등단
고려대학교 평생교육원 시창작과정 수료
한국스토리문인협회 회원, 문학공원 동인
2016년 약사문학, 한독문학상 대상

난꽃 외 2편

기 욱(基旭)

겨우내 야윈 햇살의 허리 부여잡고
미완의 아리아를 불렀어
획을 늘리고 의미를 확장하던 날들에 비해
차갑고 인색하여 사막화 된 시간들을
푸름으로 항거하던 너에게서
태기를 느낀 것이
입춘 즈음이었나 보다
한 꺼풀 두께를 늘린 햇살이 탐스러워
발코니 창을 슬몃 열었더니
원망처럼 감겨드는 너의 향기
그예 몸을 풀었구나
잘린 탯줄 마를 새도 없이 피고, 피운 일경구화
들창 비집고 든 삭풍의 지청구
용케도 이겨낸 단아한 모습의 태교
그것으로 짐작 가는 화용월태의 경건함
긴 삼동의 어둠이 짙고 가팔라서
아침은 더욱 밝고 고와라.

회색

세상의 빛이 다 모이면 흰색이다
세상의 색이 다 모이면 검정이다
둘이 하나 되면 회색이다
조금씩 모가 깎여 둥글둥글 각이 사라지면
눈부신 현란함은 물러나고
몽돌 같은 부드러움이 나타난다
해가 되는 것은 곱다
곱다는 이유로 해롭다는 것을 감춘다
달콤하게 위장한다
애초 시작은 검은 색이요 흰색이었으나
근본을 무시한 대가로 현란함에 중독되었다
그 대가는 상상보다 컸다
한 입 베어 먹은 사과의 단맛
이후의 쓴맛은 크나큰 충격이었다
부드러운 시간의 연마로 표피부터 닳았다
그리하여 엷어지고, 엷어지고
어느 날 거울 앞에 앉은 회색의 자아
들뜬 눈부심이 아니어서 좋았다
여명의 부시지 않는 밝음으로
만남이 좋았다
조금씩 그리고 천천히 가진 것을 버렸다
낯설지 않게, 시나브로 받아들인
그렇게 회색이 되어가는 내가 좋았다.

Y 접점

선과 선이 만나는
종족보존의 본능이 찾아낸 도형
시작이며 종결의 심원
우듬지처럼 뾰족하지 않으며
솟대처럼 날카롭지 않은
강물이 흐르다 흐르다 지쳐 퍼질러 앉은
그곳을 향한 진군의 나팔소리 요란해도
가만히 머물며
우주의 기를 끌어들이는
그리하여 거센 수컷들의 본능을
무릎 아래 꿇린 저 장엄
모였다 흩어지면 아무 것도 아닌 것을 모아
무아의 경지로 끌어올린
하나에 하나를 더하여 셋이란 답을 해독한
우주 최후의 안식처
종말의 아득함도 침잠시킬 유혹의 침사지
그 아득함의 정체 파악하고도
쉼 없이 아침을 돌아 저녁으로 가는 시간처럼
고단을 넘어 욕망을 수혈하며
하염없이 달음질치게 만드는 마약 같은

Y 접점의 향기
빅뱅을 다 담아낸 끝 모를 깊이.

기 욱

본명은 이기은, 아호는 고송(孤松) - 시인, 수필가, 시조시인
경북 포항 출생, 경기 김포 거주
시집 『자귀나무향기· 1』, 『자귀나무향기· 2』, 『별밤에 쓰는 편지』
시조집 『시조로 공부하는 사자성어』
전자책(시집, 시조집) 12권 발간

천혜의 섬 외 2편

수 철

푸른 바다를 안고 자전거로 달리면
사방이 꽉 찬 행복이다
하늘과 맞닿은 하늘길
세월이 지나가는 바닷길
여객이 지나가는 길

제주도 속살 신비하고 경이롭다
건강이 허락한다면
아주 작은 황토 집에서
항아리며 금잔옥대 수선화 심어놓고
방석 하나 놓고 행복한 생의
여정으로 살아가고 싶다

이어도

삼면이 바다인 고향 이어도엔
눈 내리는 겨울에
돌담마다 하얀 비석 만들어

물질하는 해녀들 고행길
잊혀져가는 옛 기억들
비록 살 에이는 아픔일 지라도

바다를 정원으로 품고
파도가 병풍을 칠 때
행복한 추억이 뇌리를 스친다

밥

생명의 연은
덧없이 세월 보내며
오늘도 한 톨의 시를
삼킨다

어리석은 중생심
미래의 생 가기 전
현생의 빚 갚기 어려워

정진, 정진하여
일체중생 구제하여
부처님 은덕 갚으리라

수 철 스 님

본명은 양은하, 현 보리수선원 주지
2003년 <한맥문학> 수필등단
2009년 <스토리문학> 시등단
서울동산불교대학 경전대학원 졸업
한국문인협회 회원, 한국스토리문인협회 회원, 제주문인협회 회원, 새벽문학회 회원, 풀잎문학회 회원, 이어도문학회 부회장

하루살이 외 2편

이 혜 수

폭염 속 끓어오르는 열기로 바람도 질식해 꼬리를 숨긴 걸까
한낮은 초록에도 숨이 막히고 시든 그늘마저 늘어져 깨지 않는다
어둠이 몰려오면 하나둘 또 다른 이탈을 꿈꾸는 걸음의 목적지는 어디일까
빛의 목마름을 갈구하는 가벼운 욕망들이 날렵하게 모여든다
지루한 끝을 달려와 미끄러질 듯 하루를 정산하고 있다
반쯤 타들어가는 장초는 사라진 잿빛의 흔적을 잃어버리고 익숙하게 빨려 들어간다
강할수록 자극은 심해지고 무의식은 흔들거리고 있다
끌려가는 시간은 이미 고막이 터질 듯한 템포로 잠식의 망에서 사라진다
골짜기 사이로 헤집고 들어오는 바람의 원죄인가
젖은 몸을 말려가며 건조해진 목젖을 적셔대는 차가운 액체는 짜릿하다
미소는 사라지고 허탈한 웃음이 비릿하게 속을 뒤집는다
배설의 정체가 쏟아낸 것은 부끄러운 자아였든가
공원 벤치엔 질척거리는 영혼이 널브러진 채 천천히 눈을 감는다

새벽을 긁어대는 늙은 청소부의 잔소리가 버려진 하루를 쓸어담고 있다

포장마차

시간을 밟은 어둠이 빛을 말아 갈 때면 익숙한 둥지 속 스며들어 같은 호흡을 한다
푸르른 날의 꿈들을 삼켰다 뱉었다 울렁거리는 소리
시름 속 건져내는 지독한 그리움 하나
건조한 목마름을 급하게 적시고 있다
허락되지 않는 뜨거움만 재촉하다 이별은
블록 위를 나뒹굴며 울부짖는다
잡힐 듯 다가오는 어느 욕망이 머무는 곳
고개 숙인 머리가 처박혀 쉬어가는 곳
고달픈 마무리를 비웃다 흘려버리는 곳
질주하던 발걸음들이 잠시 멈춰진 곳

근육을 풀어헤친 면발이 갇혀버린 늪 탈출의 꿈을 부풀리고 있는건가
아직도 식지 않은 내 안의 또 다른 내 그대가 숨어있었던가
거침없이 증식된 너를 꺼내어 보려 하지만
준비된 대답처럼 끊어져가는 기억의 필름은 느리게 나를 조율한다

비금도

고립된 자유를 가진 돌산 길섶은 뭍이 그립다
쪽창으로 스며드는 순백의 빛을 질투한 걸까
태풍은 고요를 침범하고 평온을 해체시킨다
구멍난 잎들은 주저앉은 채 바람을 먹고
달을 품은 섬은 검은 육지를 바다에 눕혔다
방파제 등대만이 길을 열어주고 인도한다
눈꽃 속에 피어난 박대 꽃의 빨간 진주알
염분 바람으로 성초의 몸짓은 분주하다
오르고 또 올라야 바라볼 수 있는 바다
신비로운 비경의 섬은 천천히 가라 쉬어가라 한다
어둠은 별을 쏟아내고
별을 먹은 바다가 심해 속 휴식으로 들어간다

지치고 힘들 때 먹먹하고 막막할 때 오라고 비금도는 말한다

이 혜 수

고려대학교 평생교육원 시창작과정 수료
계간 <스토리문학> 등단
한국스토리문인협회 이사, 문학공원 동인
동인지 『달리는 미술관』, 『가슴에 이는 파도』 외 다수
가곡 <내장산 단풍터널>

볍씨의 풀등 외 2편

오 현 주

또 딸 낳았다고 기죽지 말고 살아라
이웃집 전화기에 대고 울먹이셨던 볍씨
낟알 보듬느라 허리 한번 못 폈으나
맨살에 까슬까슬 걸친 당아리마저
아궁이 속에 처넣더라
돼지우리에 뿌려대더라
입이 포도청이라 먹어야 산다고
나그네길 누울 봉분에 흙 뿌리듯
피붙이 두고 온 황해도 너른 들판
꾹꾹 다져 퍼담더라
꽁꽁 언 밑동 갈아 업던 혹독했던 볍씨
애옥살이 팔팔 끓인 밥상머리에다
고개를 푹푹 숙여대더라
풀등처럼 툭 싹을 내민 푸르렀던 볍씨
인명은 재천이라 되뇌셨던 볍씨
지금 이 세상에 안계시더라
볍씨 속 여줄가리였던 나
그 숨에 다시 살더라

흡반吸盤 그 후

맹골수도는 가슴속 압축을 풀지 않았다
비정형의 무게 속엔 빠져나갈 물의 촉이 없어
아무도 꺼내주지 않는 부력의 심장 속엔
어처구니가 없어 가만히 가만히만 있었다

이중벽에 뒷주머니 챙긴 꼴뚜기씨 날뛰다
구더기를 낳고 구더기에 깔려 구더기 밥이 웃는 걸
매실 속에 숨은 보름달도 가만히 지켜보았다

찢어진 뱃길이 노란 끈으로 제 살을 꿰매는 사이
펄 속에 처박혔던 세월호가 땅값이 치솟았다고
녹이 슨 등짝에 어패류 양식장을 차려놓았다

무허가로 둥지 튼 석화씨와 조가비씨 갯고동씨 가족이
홍합씨 가족이 어처구니없이 끌려나왔다
눈치 없이 구경 나온 갈매기씨 쇠파리씨 형제들
꿩 먹고 알 먹느라 한물 간 어물전도 난장판이다

창자 속을 비밀로 가득채운 어둠의 기억 한 척
엉터리 매뉴얼대로 가만히 가만히만 있다
입을 꼭 다문 밀봉의 문서는 변한 것이 없었다
슬픔 뒤에 뼛조각 하나를 숨겨둔 우리.

바닥의 바깥

바닥에서 바닥이라는 시를 썼다가
버튼 하나를 잘못 눌러 바닥을 쿵, 날려버렸다

우렁잇속 같던 가슴 밑바닥 통점도
바닥의 문을 박차고 하얗게 지워졌다
정수리까지 나를 밟고 오르면 아득한 네가 보일까
살갗에 스친 잔 나부낌마저 깨우려 하나
손톱 밑 이끼 숨듯 겉돌아 바닥이길 거부한다

발상의 전환점인 나로부터 붉게 흐르다
칼날 같은 바닥치고 지는 것이 생이다
뜬구름 구겨진 하늘만 탓할 것인가
혓바닥 손바닥 발바닥의 갈등으로
다리 짧은 사계절을 다 써버릴 수 없다
두레박의 파문을 우물물이 받아내 듯
패랭이꽃처럼 가녀린 목줄에 불꽃 감춘 알전구도
천정바닥과 함께할 때 누군가의 눈동자는 빛이 난다

잃은 것을 찾아 하늘을 본다면
먼저, 내 안에 차오르다 갇힌 아집을 갈아엎을 일

쓰러진 영혼이 깃든 밑바닥의 본능까지 핥아볼 일
빛이 눕던 잎새에 바람이 그늘을 표백해도
구부러진 잎맥 발맘발맘 아우르는 오롯한 힘은
산고 겪는 바닥을 바닥으로만 볼 수 없는 불멸의 힘은
내게서 생성되어 바깥으로 타오른다

허공에 사다리 놓고 바닥을 헤맸던 긴 시간을
내가했던 헛말 헛손질 헛디딘 발자국의 허물을
오감五感 없는 바닥의 혀가 뱀처럼 핥고 있다

오 현 주

인천 출생 거주. 2009년 월간 <스토리문학> 시 부문 신인상 등단. 한국스토리문인협회 회원. 문학공원 동인.
2011년 제1회 스토리문학상 수상.
동인지 『마른 이파리 한 잎』 외 다수.
수필동인지 『아버지와 자작나무』, 『힘들지만 사랑의 힘으로 배긴다』, 『문인들의 별명이야기 - 이쁜이와 짜장면 오인분』,

아버지의 뜰 외 2편

박 일 소

묵향 냄새 묻어나는
아버지 그리움의 뜰
창포꽃 하늘하게 피어나든
물빛 모시옷 소맷자락
바람 불어 모란 꽃잎 진자리
그리운 마음
거문고 음률 함께
달빛에 젖는다

장미

사랑이 깊어
하얀 마음 붉게 물들 인 뒤
이 계절 내내 향기를 마셔도
갈증은 가시지 않네

그대의 젖은 눈
빈 가슴에 박혀
상처가 깊을수록
꽃잎은 더욱 붉어가고

마음의 상처
화농이 짙어져
향기로 토하다 못해
밤마다 가시로 돋아나
내 사랑을 찔러 아프게 하네

용미리 붉은 단풍

못 다한 사연 두고
잠든 영혼들의 마음이 모여서일까
여러 산사람이 쏟고 간
눈물을 먹고 자라서 일까
청춘에 잠든 아들
어미의 애타는 마음이
그곳에 스민 때문일까
봄인데도 용미리 단풍은
유난히 붉다

박 일 소

국제펜클럽 한국본부 이사, 한국문협 진흥재단설립위원, 한국현대시인협회 이사, 문학공간작품상본상 수상, 한국미소문학상 대상 수상, 시와수상문학 문학상 대상 수상, 시사랑문학회 5행시장원, 시사랑문학회 기행문학대상 수상, 월간 한맥문학회본상수상
시집 『꽃 아래 마음의 거울 놓고』, 『하늘로 보내는 편지』, 『수채화로 피어나는 젊은 날의 사랑』, 『꽃을 먹는 남자』, 『잠 못 드는 남자』 e-메일: barkilso@ hanmail.net

낙관돌 외 2편

권 은 중

붉은 몸에 얇은 흰 줄무늬의 반 토막 돌멩이
책상 서랍을 여닫을 때마다 한 모금씩 공기를 마신다
돌멩이가 되기까지 굴러왔을 세월에는
햇빛이 돋았다가 기우는 동안 뱉어낸 숨소리가 묻어있다
물길에 맡기며 구르는 동안
바람의 이야기를 귀담아 들었을 것이다
어느 날 사람 손에 들려와
한 사람의 이름을 가슴에 새기고
오래 낙관을 찍으며 살았다
자주 나와서 세상 이야기에 귀 기울이던 낙관돌은
주인이 떠나자 오래 입을 다물었다

서랍을 열자 어둠속에서 몸을 일으킨다
오랫동안 굶었던 입술에 인주를 먹여주자
핏줄이 꿈틀대며 살아나는 이름
오랫동안 잊혀졌던 낙관
입가에 붉은 핏자국을 흘리며 이름을 토한다

기억 저장소

언젠가부터 머리에 저장했던 약속
그들을 불러낸 건 종이와 볼펜이었다
나는 그를 잊어도 그는 한 번도 그 약속을 빠뜨린 적이 없다
자주 사용하던 전화번호는 손가락이 기억하고
아직도 머릿속에서 맴도는 것도 있었다
한마디에 가슴이 막혀서 밑줄을 그어버린 이름
가끔은 예기치 못한 부고가 날아들어
그 수첩에 살던 이름은 부재가 되었다
이미 세상을 떠났어도 차마 지울 수 없는 이름
가끔 통증이 되기도 했다
풋풋했던 스무 살
첫 월급봉투를 받았던 설렘과
처음 신은 하이힐의 삐딱거리던 걸음이
아직도 수첩에서 숨 쉬고 있다

꽃이 피던 오월과 밤새 열병을 앓던 그 가을과
스무 살의 아름다운 시간이 수첩 속에 살고 있다

가끔 마음에 들지 않아 스프링 사이를 빠져나간 페이지
그 페이지는 내게 잠시 머물다간 간이역이었다

오래된 수첩을 펼치니 스무 살의 봄이
아직도 시들지 않고 있었다

셔틀콕

새는 코트 밖으로 나가지 못한다
네트를 가운데 두고 오가는 흰 새 한 마리
라켓은 허공의 공기를 가르며
다시 왼쪽을 오른쪽으로 날려 보낸다
쉴 새 없이 날아오는 새의 엉덩이를 힘껏 쳐주느라
한시도 긴장을 늦추지 않는다
라켓을 피해 가장 먼 곳으로 날려 보내도
어느 틈에 빈틈을 찾아 경계를 넘어온다
날개를 달고도 두 발을 이기지 못하는 새
두 사람의 반경에 갇혀있다
양쪽에서 무자비하게 얻어맞은 새는
끝내 깃털이 찢어져 바닥에 쓰러진다

권 은 중

월간 <시문학> 우수작품상 수상, 한국시문학문인회 이사, 한국시문학아카데미 회원, 한국문인협회 회원, 한국현대시인협회 이사, 한국스토리문인협회 이사, 문학공원 동인
제2회 스토리문학상 수상, 제14회 푸른시학상 수상
동인지 『기억은 소금 없이도 간간하다』 외 다수

나무 앞에 서면 외 2편

서 현 미

나무 앞에 서면
마음이 열리고
마음의 키가
하늘만큼 커져간다

세찬 바람에도 흔들림 없는
단단한 몸체
하늘을 향해
뻗어가는 견고한 가지

그 안에서 나는
인내를 배우고
모진 풍파와 맞설 수 있는
삶을 배운다

나무 앞에 서면
욕심 비워 한없이 가벼운
영혼의 맑은 소리를 듣는다

새롭게 열린
내 영안映眼을 깨닫게 된다

이력서

나이테처럼
늘어만 가는 삶의 이력들

이제는 반듯한 선을
그을 수도 없는데

가고 싶은 곳은
시간을 돌리라 요구해대니

구색에 맞춰
구겨진 삶을 다림질할 수밖에

산다는 것은

아침에 눈을 뜨면
이미 와 있는 하루에
나를
퍼즐처럼 맞춰가는 일

가끔 어질러진 일상에
미로를 찾듯
헤매기도 하지만
결국 제자리로 돌아가는 일

숨 가쁜 하루가
마무리되면
오늘도 무사한 자신을 바라보며
감사의 기도를 드리는 일.

서 현 미

아호는 별빛, 2003년 월간 <시사문단> 시부문 신인상 등단, 경원대 詩 창작과정 수료, 한국문인협회 및 기독교작가협회, 한국스토리문인협회 회원, 문학공원 동인, 수원YWCA 어머니 문해교실 강사 역임, 성남여성백일장 시 부문 최우수상 수상
시집 『헤이즐넛 커피를 마시며』
동인지 『상처 많은 풀이 향기롭다』 외 다수

콩나물시루 외 2편

임 인 규

또르르 또르르 물주는 소리
부지런한 어머니 콩나물시루에 물을 주신다
아침저녁 그물을 받아먹고서
쑥 쑥 잘도 자라는 콩나물
머리는 쳐들고 다리는 올곧게 쭉 뻗어
한 줌 두 줌 뽑아서 살짝 데쳐 묻힌 콩나물 무침
푹푹 끓여서 어머니 손맛과 정성이 깃든 콩나물국
"아유 참 시원하다. 한 그릇 더 줘"
술 드신 아버지 해장국에 최고
어머니의 요술 창고 콩나물시루

낙엽 다비식

내 떨어진 육신을 모아
영혼을 위한 소지 공양을 올린다
지난 한생 잘 살았던 못 살았던
삶은 지고 육신을 태워 혼이 오른다
어떤 이의 욕심도
또 다른 이의 사랑도
그 모든 이의 미련과 후회
활활 태워 재를 만든다
매캐한 어설픈 생의 절망
오로지 못한 애달픔에 눈물 흘린다
이제 흔적을 찾지 말자
바람이 내 중심을 흔든다

겨울 빗속의 男子

겨울비가 주룩주룩 내리는 축축한 그 길을 男子가 간다.
도수 높은 안경에 웅크린 어깨 검은 우산을 빗겨 쓰고
더듬더듬 걷는 그 서투른 발걸음 생활에 찌들려 있다
축 처진 어깨에 몇 식구의 생계가 걸려 있을까
한때는 그도 누구처럼 태양을 향해 달려갔을 것이다
그리고 그도 사랑을 했고 행복을 느껴 보았을 것이다
세상이란 어차피 달려가는 트랙일 뿐이다
최선을 다해 힘차게 달려볼 것이다
그런데 이놈의 세상은 일등만 기억하는 세상
그는 이제 지쳤을 것이다. 당당하던 어깨는 그렇게
처졌을 것이다 아! 가장이란 무게가 이 겨울비에
너무 무겁다 그래서 그는 그렇게 겨울비에 묻혀간다
아프게

임 인 규

아호는 우보(牛甫), 1949년 전북 익산 출생, 2005년 월간 <스토리문학> 소설부문 등단, 2017년 계간 <스토리문학> 봄호 시부문 등단, 한국스토리문인협회회원, 스토리문학관 회원, 소설동인회 스토리소동 회원, 문학공원 동인.
장편소설 『무덩골야사』, 『앵두꽃아씨』, 중편소설 『개망초 · 후진이』, 시집 『아내의 귀』, E-mail: i2g0608@naver.com

그냥 그렇게 외 2편

이 정 일

그 어느 해 매우 추웠던 날
그 어느 재래시장에 갔다
그 어느 좁은 시장골목 입구 사거리에
그 어느 한 가운데 눈무더기 하나 생겼다
그 어느 사람들 오가는데
그 주위에 드럼통 같이 생긴 여인들
그 앞에 배추 몇 포기 총각무 몇 다발 놓고
그 무슨 수다를 떠는지
그 굴뚝도 없는 연탄불 앞에 앉아있다
그 바로 앞 약국에 하얀 가운 입은 사람들
그렇게 저렇게 왔다 갔다 하는데
그 많이 배운 사람들
그 근처로 파출소 간판도 보이네
그 안에 제복 입은 사람들 왔다 갔다 하는데
그 눈 무더기
그 모진 추위
그 삼동 다 지나갔네
그 훈훈한 바람
그 따스한 햇살 시나브로 일어나는
그 시장 그 모퉁이
그토록 오랫동안 나는 꿈꾸듯 서있네

탄천에서

구정물과 먹물이 만나서 서로 반갑다고 인사하며
부모님 안부를 묻는다
옆에서 보니 서로 잘 아는 사이 같다
그런데 어쩐지
서로 싫은 기색이 역력하다
조심스레 물어보았다
상대가 속이 검고 음흉해서 싫단다
맑은 눈으로 바라보니
두 사람이 똑 같아 보인다
긴 가방 메고 다니며
하도 먹물 먹은 사람들을 대해다 보니
뇌까지 검어졌나 보다
말죽거리에서 한강으로 흐르는 지류
그 옥수 흐르는 그 실개천은
지금도 탄천炭川이란 이름으로 흐르고 있다
그 옛날에 십팔만 년을 살았다는 동방삭이도
옥수 흐르는 실개천에서 흰 물 나오라고 숯을 씻다가
저승사자한테 붙잡혀 갔다더니
나도 흰 척하다가 저승사자에게 붙들려 가면 어쩌지

주인

아래층을 2년 전세를 놓았다
명의는 내 명의지만
전세든 사람이 주인
그들이 살고 있는 동안
나는 권리를 주장할 수도 팔 수도 없다
오직 세든 사람만이 주인이다
먼저 살던 사람들은 내 집이 아니라고 지저분하게 살더니
이번에 세든 사람들은 깨끗이 살았으면 좋겠다
새는 나무에 세들어 살고
나무는 하늘에 세들어 살고
물은 땅에 세들어 살고
이 세상에 세들어 살지 않은 이 어디 있으랴

나도 이 세상에 세들어 살러 왔지만
내 인생은 내가 주인 아인가
내 마음이라도 깨끗이 살아야지

이 정 일
경남 거제 출생
한국스토리문인협회 회원
문학공원 동인

사냥꾼 홈키파 외 2편

이 선 덕

나는 육식성 사냥꾼이다
온몸을 문신하고
차가운 가스를 몸 안 가득 채우고
내 주둥이는 접이식
누군가 내 몸을 흔들면 폭발할 것처럼
불꽃을 분사한다

허공에 꽃들 피어나면
구석방에 숨었던 사냥감 문을 박차고 나오다
레이더에 포착
명중이다

방충망에 구멍 송송
잠을 설치다 사냥꾼을 곁에 두고
다시 눈을 감는다

입동

햇살 한 줌이 들어온다

알이 덜 찬 배춧잎 위에
익다만 고춧대 위에
잰걸음으로 달려온 그는
마당 어귀에 구부정히 앉아있다

철쭉 잎사귀를 만지작거리기도 하고
서리 맞은 국화 꽃잎을
쓰다듬어주기도 한다

깨진 절구통 위에서 쉬기도 하다가
마삭 줄 넝쿨을 휘감아 올리고
젖은 뒤란도 다독거린다

그렇게 한참을 서성이다 간다

압력밥솥

소리가 뜨겁다
달리는 기차처럼 숨 가쁘게 소리 지른다
더 이상 참을 수 없다고 힘들다고
추가 마구 흔들린다
성난 소가 달려들 것 같은 기세다
닫힌 입구를 찾을 수 없다고
밥알들이 아우성이다

저 안에서
얼마나 많은 고통을 참고 신음하고 있을까
슬픔이 몸을 씻고 터진다
밀려오는 압력 온몸으로 부딪혀본다
애 간장이 탄다

세월 호 소식두절

이 선 덕

전남 여수 출생, 전남대학교 대학원 조형미술학 석사
계간 <스토리문학> 시 등단, 격월간 <현대문예> 수필 등단
한국스토리문인협회 회원, 문학공원시 동인, 자작나무수필 동인
현대문예동부작가회 회원, 여수수필문학회 회원
서양화 개인전2회 전시, 순천미술대전 추천작가

다섯 손가락 외 2편

– 다섯 아이에게

홍 명 자

질곡의 세월을 살아왔다고 생각했다
뒤돌아보니 다섯 손가락의 아프고 고운
웃음의 격려를 먹으면서 꽃길을 걸어 예까지 왔던 거였다
또 다른 나를 찾아가는 여정에
삶의 조각 하나 찾을 수 있을까 생각했다
그 삶의 지표가 아이들이었음을 이제야 알겠다
가지가 많다 보니 기쁨도 즐거움도 여러 갈래의 색채를 띠며
팝콘 터지듯이 봇물 터지듯이 그렇게 동살을 등에 업고 환한
웃음으로 달려온다는 것을 이제야 알겠다
힘듦이 아니라 삶의 낙이었다는 것을 이제야 알겠다
제 역할을 충분히 해내고 있는 다섯 손가락임을 이제야 알겠다
튼실하지 못한 나무에서 움트고 자란 저 여린 가지들이
어쩜 저리도 굵고 곧게 뻗어 나갔을까
맑고 깨끗한 순수한 영혼의 다섯 손가락 앞에 숙연해진다
고향의 봄처럼 따뜻함이 머무는 다섯 손가락을 꼭 쥐며
황혼이라는 팻말이 붙은 무지갯빛 구름다리를
씩씩하고 힘차게 걸어가야지

만원의 행복

수제화라 해서 찾은 성수동 신발골목
가죽 냄새가 진동하며 유명한 티를 낸다
기대에 차서 이리 기웃 저리 기웃 기웃거려보지만
쏙 마음에 드는 신발이 없다
역시 티브이 광고는 과장이 심하다
이왕나선 참이라 그냥 돌아가기 서운하여
남대문시장 수입 상가를 둘러보았지만
똑같은 신발인데도 가격은 천차만별 요지경 속이다
성수동에서 실패하고 남대문시장마저 헛수고를 했다
터벅터벅 집으로 돌아오는 길
'무조건 만원'이라는 문구가 시선을 잡아당긴다
생기를 찾은 발이 어느 틈에 나를 가게에 밀어 넣었다
튀는 색이라 엄두를 내지도 못했던 빨간색 구두를
이 나이에 신어보겠다고 용기를 내본다
신어보니 별 것도 아닌데
어릴 적엔 빨간 구두 신은 친구가
참 많이 부러웠었다
오십 년이 지나서야 소원을 풀었다

번개 장터

활주로 같은 정릉천변에 번개장이 열렸다
무명가수의 구성진 노랫가락
누더기옷의 각설이들
광대 옷을 입은 난장이 앉은뱅이부부의
곱사춤이 시선을 확 끌어들인다
각박한 세상에 남을 웃긴다는 게
얼마나 좋은 재주이고 희망을 주는 일인가
긴 가뭄으로 애를 태우던 하늘이 구멍이라도 뚫렸는지
하루 종일 물폭탄 세례를 퍼붓는다
정릉골 계곡이 넘쳐 인도까지 물이 차올랐다
빨간불이 켜져 있는 푸줏간
불어나는 물에 들어가지 말라고 쳐놓은 빨간색 통제선과
묘한 조화를 이룬다
하루 종일 시장구경을 다녔더니 발바닥에는 불이 났다
그래도 늘 장날은 기다려진다

홍 명 자

강원도 양구 출생, 계간 <스토리문학> 등단
고려대학교 평생교육원 시창작과정 수료
한국스토리문인협회 회원, 문학공원 동인
동인지 『달큰한 감옥』, 『가슴에 이는 파도』 외 다수

하늘꽃 외 2편

서 창 원

옥상에 사과 궤짝 다섯 개를 놓았다 해가 잘 드는 쪽을 행해 가지런히 놓았다 그리고 흙을 채웠다 흙은 가랑잎이 썩은 산길에서 퍼다가 담았다 그리고 모래가 있는 철로 변 흙도 가져다 담았다

한 상자에는 고추모종을 한 상자에는 토마토를 그리고 한 상자에는 상추씨를 뿌렸다 다른 상자에는 가지를 다른 한 상자는 비워 두었다

나는 어느 날 비워둔 상자 안에서도 풀이 자라났다 풀은 푸릇푸릇 자라났다 하늘에서 하늘꽃이 날아온 것이다 개울둑에서 멍하게 기다리다가 바람을 타고 날아온 것이다 산비탈 암거의 어두운 곳에서 씨를 감추지 못해 낯선 곳에서 뿌리내리며 속살을 보인 것이다

하늘꽃은 바람의 냉매만을 먹고 옥상의 빈터에서 자라났다 텃밭에서 잎을 털어 버릴 때까지 작은 꽃들이 별처럼 주렁주렁 달렸다 하늘처럼 내가 날마다 오르던 옥상에는 밤마다 빨래 줄을 타고 별이 내려왔다 소곤소곤 별은 어두운 곳에서 하늘꽃을 피워주었다

고추꽃 가지꽃 토마토꽃이 별처럼 반짝이며 피어났다

옥상 공지는 하늘꽃이 피어나는 콘크리트 농지였다 옥상에 놓아둔 내 외로움도 하늘꽃으로 피었다 그렇게 하늘꽃이 피는 곳은 내 유일한 토지였다 고독을 간벌間伐 해주는 작은 꽃밭이었다

클레이 사격의 표적

클레이 사격 조준선에서 LMG 일등 사수가 총구를 겨눈다
순간 원심분리기처럼 표적 물질이 솟는다
내 착시를 통과하며 공중에 오른다

나는 표적에 내 의식을 일치시키지 못한다
허공은 무의식으로 열린다
내 긴장은 방아쇠를 잡아당긴다
탄환은 굉음을 내며 내 두려움에 꽂힌다
의식과 식별은 탈선된다

내 초점은 늘 긴장에서 일어난다
초점은 허공을 분실한다
내 난사의 표적은 늘 빗나간다
탄환은 늘 내 오점에 박힌다
곡선을 그리며 탄환은 의도의 구도에서 벗어난다

일정한 곡선, 일정한 거리, 일정한 표적, 일정한 사수,
그 틈에 끼어있는 긴장은 조화에 실패한다
우연의 일치와 공존의 배반이 교차한다
탄환은 방아쇠를 잡아당기는 순간 내 소유에서 벗어난다

내 조준의 목표물은 오발된다
내가 쏜 총탄은 등거리에서 표적을 빗겨간다
무수한 초점이 빗나가는 것처럼
크레이 탄들은 불일치의 원점 안에
발광하며 타원형과 직선을 그린다

타원은 멀리 갈수록 원을 그린다
직선도 멀리 갈수록 원을 그린다
표적은 직선거리에 있다
곡선은 가상적 선이다

클레이 탄환은 타원과 직선을 공유한다
타원과 직선은 내 상상 안에서 일치한다

물질 속에서 클레이 탄은 곡선만 소유한다
나는 물질 속에서 직선만 소유한다
불일치의 표적에 내 의식이 걸려있다

나는 내 몸을 수리한다

내 몸뚱이를 82년이나 사용하여 고장이 났다 아직은 살아 움직이는 데 별로 지장이 없다 위도 도려내고 맹장도 떼어내고 몸에 박힌 돌도 40개나 빼내고 방관도 수술하고 이도 20개 이상 땜질하고 임프란트를 끼우고 그런 입으로 어기저기 먹고 살았다

내 육신의 30%가 망가져도 살 수 있구나 에누리 같은 목숨 한편에 치워있는 마네킹처럼

청각도 망가져서 이리 오라는 것을 가라는 걸로 알고 간다 저리 가라는 것을 오라는 것으로 알고 다가간다 가라와 오라가 모두 그저 오라가라다

머리칼은 다 빠지고 남은 것은 희게 삭혔구나 이목구비가 제대로 되어야 할 텐데 보청기를 끼고 안경을 쓰고 이곳저곳을 땜질하고 누더기가 되어 제3지대의 로봇처럼 정보 문명을 도청한다

색안경을 쓰고 모자를 둘러쓰고 목도리와 넥타이를 매고 얼굴에 점을 빼고 내 마음대로 고쳤으니 나는 신성불가침의 육신을 망친 원죄인이 되었구나

내 몸을 마음대로 수리하여 외로운 전시품이 되었구나 진열대의 마네킹이 되어 밖을 보기만 한다 유혹의 반점, 주시된 동공 빛으로 밖을 본다 혹시 지나가는 애인이 나를 보면 어쩌나 두려운 눈빛으로, 그래도 내게는 두려움이 하나 남아있구나

오! 오열 같은 눈물도 내 마음에 아직 살아있구나
꽃피는 4월의 눈부신 햇살도 아직 내게 머뭇거리는구나

서 창 원

고려대학교 국어국문학과, 건국대학교 행정대학원 도시계획학과, 월간 <스토리문학> 등단, 한국스토리문인협회 초대회장, 한국스토리문인협회 자문위원. 40여 년간 국가의 국토개발연구 및 평가 시행에 종사
동인지 『길 끝에서 만난 사람들』 외 10권
저서 『국토와 정책』(1998) 『땅의 혁명』(2007. 주집필)
시화집 『존재의 이유』
시집 『당신의 이야기』, 『공가에 피는 꽃』, 『허공에 집짓기』
『엄니 정말 미안해요』

3부

아스팔트 위의 뺑튀기

민들레 외 2편

최 현 근

그 여자는
민들레 꽃씨다

아스팔트 위에
떨어졌다가
무심한 발길에 채여
내 눈 속으로
콕
들어왔다

눈물샘이 열렸다

그래
내 눈 속에서
피렴

수밀도

너무 얇아
살이 묻어나는
수밀도 겉옷을 벗겨
생명의 속살을 먹었다

나는
카인이 되었다

가을

1
나도 알아
나만 쓸쓸하고
나만 슬픈 게 아니라는 거
이 가을
누구는 슬프지 않겠어
바람도 스치면서 저렇게 울고 가는데

2
가을바람이
창을 흔든다

당신이요?

최 현 근

서울대학교 법과대학 졸업, 중앙신학대학원대학교 졸업
중앙신학대학원대학교 교수 역임, 서울총회신학교 총장 역임
스토리문학관(www.storye.net) 회장(2000년 7월부터 현재)
송도요양병원 원목(현재)
이메일 : storynim@naver.com

아프리카 세렝게티 외 2편

곽 구 비

세렝게티 광활한 대지에 뜨겁게 정사를 갈망하던
붉은 햇덩이 긴 하루를 사정하면 지친 밤이 온다

어둠속에서 슬슬 본색을 드러낸 늑대의
성난 눈빛 속에 걸린 달이 창백해지면
큰일 마친 수사자의 저녁식사 시간이다

산천이 고요해야 할 암묵적인 질서였을까
숨죽인 암 사자는 못 본 척 고개 돌린다

저녁 바람결에 야 으으 늑대의 도전적인 신호음
본능적으로 사자는 눈빛에 날을 세운다

어김없이 미어캣 부엉이 사태파악 먼저하고
용감한 독사만이 혀 날름거리며 독 무기 발사
만반의 준비로 스르륵 스르륵 염탐을 한다

오늘은 또 어느 가족이 몰살당했는지
낮게 주위를 맴도는 독수리 떼로 점치고 나면
세렝게티에 아침이 밝아온다

무언의 가르침

한바탕 축제를 치르고 해질녘
바람에 기대 덜컹거리는 민둥산 갈대
휘어진 마디들은 평화로운 소리를 낸다

저마다 갖고 싶은 욕심을 채워 넣으려
고지에 인증샷을 덤으로 챙기고
환한 웃음으로 돌아갔으면 뿌듯하단다

꾸불꾸불한 언덕길 헝클어진 마음으로
오르다 차분해지고 행복한 일은
마음이 저절로 순해졌던 까닭이다

내 잘난 맛으로 시작된 결혼생활에서
단 한 마디 충고 없이 내가 나를
낮추고 감사하는 법을 알게 해준 일

깨우친다는 건 윽박질러 말해주고
머릿속에 집어넣는 강요가 아님을
마음으로 존경하게 되는 것이다

존경받는 어른들 선배님이 되는 일은
남보다 잘났다는 학벌도 돈도 아닌
올 곧고 정의로운 모습일 것 같다

실크로드를 가슴에 안고

길 없는 듯함이 헉 하고 숨을 조인다
촉촉함을 갈망하는 눈빛의 욕심은
마음을 내려놓지 못한 탓일까

의심의 껍질 솎아낸 모래알들이
자유의 깃발처럼 일렁거리며 반기자
가슴속에서 또 다른 꽃이 움튼다

몰아치는 바람을 시작이라는 희망으로
숨겨진 긴장의 끈에 덧대어 잇고 나자
꺼억 괜한 울음이 터트리고 나온 것이다

밤하늘에서 보내온 메아리가 월야천[4]에
풍덩 빠지더니 그 속에 놀던 달님이 깜짝 놀라 어둠이 만들어졌다

마음에 켜켜이 몇 날이나 쌓이던
흙먼지를 꼬옥 껴안아 적응할 쯤

---

4) 월야천(명사천 사막의 오아시스)

한 번의 기회로는 도저히 다 못 볼 것 같아
실크로드에서 빠져나와 현실의 시간으로
주파수를 조심스레 바꾼다

곽구비

전남 영암 출생, 계간 <스토리문학> 등단
고려대학교 평생교육원 시창작과정 수료
한국스토리문인협회 이사, 문학공원 동인
시집 『푸른 들판은 아버지다』
동인지 『별 세다 잠든 아이』, 『새소리 밥상』 외 다수

벽시계 외 2편

박 종 은

저녁 8시 15분 전

휴대폰은 8시 15분

닷새 전
약을 사다 새로 박았지만

너도
앵간이 살고잡지 않은 갑다

아니
허구한 날 벼랑 끝에 서서
같은 속도로
제자리만 뱅뱅 도는 것이

이제
어지럽고
허벌나게 지질증나는 갑다.

아스팔트 위의 뻥튀기

어

지금 막 가게 문 열었어
이따 전화할게

이윽고

짧고 낮은 신음呻吟으로
뻥이요오 퍼엉!

순간
숲정이 성지 두 팔 벌린 성모가
하얀 수증기 속으로 사라졌다.

봄은 저항이다

봄은 저항이다
서슬 퍼런 북서풍도
그 신념의 힘을 꺾지 못하고

뒤꿈치까지 내려앉는 빙하氷下에서도
모든 수평들이
수직으로 저항한다

봄은 반동이다
온갖 금지로부터 반동이고
전全 정지로부터 반동이다

그래서 봄은
해방을 꿈꾸는 핏빛이다.

박 종 은
전북 정읍 출생, 경제학 박사
현재 전북대학교 강의전담 교수
2015년 계간 <스토리문학> 등단
시집 『하지만 그대는』
소설 『차가운 악수』 외 전공교재 및 잡동사니 12권

외줄 마음 그 경계에서 외 2편

안 선 진

한 발 내어딛을 곳 없는
하늘 끝자락위에 서있는 너를 그리다

두려운 마음 숨겨둔 품
한 걸음 물러서다

놓을 수 없는 마음 주워 담고
그 자락 위에 나란히 너와 서다

하늘자락마다 맴도는 열린 그리움
그 사이로 닫아보는 두려움

오늘도 너를 그리고
오늘도 너를 지우다

눈 감고 그리움 그리고
눈 열고 애달픔 지우다

놓을 수 없는
외줄 마음 그 경계에서…

우는 너에게

울지 마라
그리움자락 소리내어 흔들어도
기다리는 너의 숨죽인 기다림 알고 있으니

울지 마라
네게 가는 길 앞 멈추는 마음 누르며
흔들리는 내 마음 질책하고 있음이니

울지 마라
너에게 갈 수 없어
너 홀로 그 바다에 남겨둔 것이 아니니

울지 마라
영원히 네 곁에 있으려
하늘 길 열어 가슴에 두었으니

울지 마라
너의 아픔 그대로 내게 부딪혀
섬자락 그 품안에 너를 끌어안고 있으니

울지 마라
너를 아프게 하지 않으려
한걸음 뒤에서 네가 가는 길 열고 있으니

울지 마라
세상에 너를 홀로 둘 수 없어
눈감지 못하는 내가 여기 있으니…

사랑

말하지 못해 조급하고
성급히 말해 침묵하다

살피지 못해 돌아서고
돌아서서 후회하다

언어는 마음을 누르고
번뇌는 기다림을 만든다

인내는 욕심이고
배려는 이해를 위한 준비다

다른 길을 향해 달음질치는 언어
하늘 차갑고 바람 멈춘 날

오랜 시간
가슴이 던지는 그 말 찾아 헤메다

오늘
그 말 한마디 내려두다

사랑…

안 선 진

아호는 혜솔 , 계간 <스토리문학> 등단, 국공립대학 풍수지리사 혜솔 풍수지리연구소 & 하늘꽃 풍수갤러리 대표, 제주관광대학교 인테리어건축과 교수 역임, 제주관광대학교 평생교육원 풍수지리와 인상학강좌 교수
시집 『빈 바람 속에서 네가 덩그러니…』
풍수지리서 『풍수지리와 인상학』, 『제주의 산과 물… 오름에서 만난 풍수』, 제민일보 연재 <풍수! 제주의 산과 물>
e.mail : poongsoolove@hanmail.net

동백꽃의 전설외 2편

윤 창 현

양지바른
이 길은 바다로 닿아있다
머 언 옛날 금실 좋은 부부가
기약 없는 이별로 사모하더니
기다리던 여인, 저 홀로
먼 길 떠나고 말았더라
바다에서 돌아온 님
눈물로 지새운 여러 날
무덤가에 싹이 돋아 꽃을 피우니
그 꽃을
동백꽃이라 불러주었다

어느
폭풍한설 내리던 날
시린 해풍에
꽃잎 하나, 둘
속속 떨어지는 설은 밤
파도 배에 실려온 내 님
그 꽃으로 덮어주니
그도
바다로 나가 붉은 꽃이 되었다

찐빵에게 화를 내다

김천 공용버스 터미널
거창 가는 버스를 탔다
앞으로는 모른다
무한정
눈 내린 들녘만 바라 볼 양이다
파란 보자기 속
아버지에게 드리려고 산
가마솥에 데인 찐빵들
모락모락 서린 김만
삐져나와 매달려 있다
삼십여 분을 달렸나 보다
버스가 '그렁' 멈춰 섰다
볼기재에 눈이 많이 내린 게지
그래서 못 넘어가는 게지
나는 무작정 내려 걸었다
어둠을 삼킨 하얀 눈 위로
보자기 식은 김 뚝뚝
추운 행길 가에 떨어놓고
고향집 가던 날
까만 속 꽁꽁 언 찐빵에게
애꿎은 화풀이만 늘어놓았다

스무 살 즈음

남포동 구제품 가게에선 산
빛바랜 외제 청바지 한 벌
작업복으로
외출복으로
멋 내던 스무 살 즈음이었습니다

시 월 십육 일
도시 봉기 잊힌 항쟁
남포동, 광복동 어둠을 휘젓다
해장국 한 그릇에
국물 후루룩 들이켜고
새벽을 맞던 스무 살 즈음이었습니다

아!
허기졌던 그 시간들
깡다구와 똥배짱이 전부였던 스무 살 즈음에
청춘의 겁 없던 그때가 그리워지는 것은

쉬 간 청춘이 아까워서도 아니오
남겨둔 사랑에 미련이 있었어도 아닙니다
젊은 청춘의 아름다운 반항이

아직도 가슴에 남아 있어서겠지요

윤 창 현

경남 거창 출생, 2004년 4월 월간 <시사문단> 등단
한국스토리문인협회 회원, 한국시사랑문인협회 회원
스토리문학관, 문학공원 동인
시집 『아버지의 자전거』
공저 『상처 많은 풀이 향기롭다』, 『바람개비』, 『먹다 남은 케이크 한 조각에 보내는 메시지』 『누가 꽁치를 표절했나』 외 다수

백재골 외 2편

최 정 숙

항아리처럼 깊은 산 속
석탄 광산이었던 백재골[5]이
청천 호수[6] 옆길로 터널이 뚫렸다

지나가던 차가 멈춘다

삼천삼백 볼트 고압전기로
공기압축기 기계
백 마력짜리 두 대
칠십오 마력짜리 한 대가
주야장천 돌아갔었다

중년의 아버지와
갈래머리를 땋은 딸이
교대로 기계를 운전하고
부녀가 바둑을 두거나
기계실 한쪽 편 책상에서
세익스피어와 연애도 했다

---

5) 백재골: 충남 보령시 성주면 소재 폐광된 골짜기
6) 청천 호수: 충남 보령시 청라면 소재 저수지

일요일이면
아버지의 자부심 책가방 여섯 개가
마을에서 올라와
종일 소나무 그늘에서
책을 펼쳤다가
저물녘 집으로 가면
아버지 어깨에 힘이 실려
태산이라도 옮길 듯 발걸음이 가벼웠다

책가방들이 졸업장과 학위증들을 바칠 때
모진 세상 살얼음판 건너온
상처투성이 아버지 가슴에
처방전으로 붙여졌었다

강산이 수없이 바뀌어
백발이 성성한 딸
기계를 고정했던 콘크리트에
녹슨 볼트를
보물 보듯 반기며
천국이 좋다는 아버지 그리워
석양에 반짝
눈이 빛난다

책 읽는 밤

나의 침상에서
밤을 보낼 임
켜켜이 동여맨 속옷 열어
속살 드러날 때마다

울컥울컥
가슴 미어지고
하염없이 강물 흐르듯
고운 마음 흐르다
밤 길어 좋은 날도 있겠지

더러는 독한 사랑에 무너져
실성한 사람처럼
임을 안고 웃거나
울어도 보고
한없는 사랑놀이에 밤을 잊어
빨간 토끼 눈 되어도
나는,
나는 좋겠네

오늘 한 아름 책을 얻어왔다

풍경 속으로

쉬는 날 저물녘
올림픽 공원
늙은 모녀가 배드민턴 한다
매번 헛치지만
공이 허공에 즐거움이라는
포물선을 그렸다

이마에 건강이라고
땀방울이 구슬을 그렸다

연둣빛 바람이
잘 한다고 쓰다듬어주었다

엄마랑 노는 딸이 예쁘다고
개나리가 노랗게 웃었다

엄마는 동안이라서
석양보다 눈부시다고
딸이 능청 떨었다
겨드랑에 날개 돋은 엄마

붕붕 날면서
석양 보기 부끄럽다

어둠이 내리는 허공
가로등은 출근 도장을 찍으며
다음 주에도 만나자고 웃는다
집으로 가는 갈림길에는
"종일 놀았어도 아쉽다"라고
쓰였다
모녀는 환하게 웃으며
손을 흔든다

최 정 숙

아호 운우(云又), 경북 영주 출생, 2009년 <문예사조> 등단
한국문인협회 회원, 한국스토리문인협회 회원, 문예사조문인협회 부회장, 시섬문인협회 부회장, 한국낭송문예협회 회원, 문학공원 동인, 시울림 동인, 시낭송 지도자
동인지 『모자이크』, 『허공의 춤』 외 공저 다수
E-mail : i-237@mammal.net

매지구름 외 2편

문 영 이

당신이 내게
손을 내밀었을 때
갈가마귀
땅으로 곤두박질치던 걸요
당신과의
거친 입맞춤이 시작되니
하늘이 흔들리던 걸요
대지의 이기利己는
살무사의 대가리
물칼로 탈바꿈한
그대는
정의의 용사

몽화夢花

내일은
여명이 밝아 오리라
어리칙칙한 꿈이라 해도 좋아요
새벽이 오지 않는다 해도
다시금 땅을 일굴 거예요
삶의 파편들이
메마른 대지 위에 쏟아져도
생명의 꽃을 피울 거예요

평화로운 땅이라고 말하지 마라

평화로운 땅이라 말하지 마라
바람 속에
숨져간 넋의 메아리 들려온다

가을걷이 들녘을 짓밟던 무리 앞에
순백의 무명이 핏빛으로 물들었었다

평화로운 땅이라 말하지 마라
바람 속에
숨져간 넋의 메아리 들려온다

북녘의 하늘이 남쪽을 뒤덮어
푸르른 하늘이 먹구름 되어 가슴에 안기었었다

평화를 말하지 마라
바람 속에
숨져간 넋의 메아리 들려온다

봄의 향기 속에 묻힌 피 끓는 청춘이 있다

네 안의 붉은 지팡이가

이 땅의 평화를 지탱하고 있나니

문 영 이

2007년 월간 <문학21> 등단, 경희사이버대 미디어문예창작과 졸업
경희대학교 공공대학원 사회복지학과 졸업, 한국문인협회 광주지부 회원, 한국스토리문인협회 회원, 문학공원 동인
논문 『초등학교 국어과 교과서에 나타난 노인 이미지 내용 분석』
동인지 『파란우체국』 <진해문학>18호.19호 참여

까치밥 외 2편

엄 초 아

앙상한 감나무 가지 끝에
보시물로 매달린 감 하나

푸른 이파리 속에선
화려한 꿈도 꾸었던
감나무 열매였네

가을바람이 불자 잎들은 다 떨어지고
앙상한 가지들은 차라리 겨울 가고
다가올 봄을 기다리고 있네

고단한 몸짓 한가운데
연노랑 감꽃을 떠올리게 하는
붉고 큰 열매 하나

나뭇가지 위에 외롭게 앉아
까치밥이라 불리우면서 단단한 몸매로
홀로 새들의 양식이 되고 있네.

어머니의 삶

꽃다운 시절에도
그 많던 걱정을
겉으로는 내색도 않으시고
가슴 쓰러 내리며
속울음 참고 이겨내신 어머니
종갓집 맏며느리
살림 걱정 자식 걱정
쉴 새 없이 고달팠던 일상
이제 딸이 그 나이가 되고 보니
비로소 고생하신 어머니의 한 생을 돌아봅니다.
첫눈이 내린 겨울 아침 시작하는 하늘빛
한때 비취빛 유년의 모습으로
웃고 사시던 밝은 얼굴을
하얀 눈 속에 그려봅니다
늘 가슴 아린 안타까움으로
저는 당신 뒤에 서있습니다
어머니, 어머니
이제 나이 지긋해진 딸이
애달프게 불러봅니다.

나무

서있는 나무와 나무는
바람이 불어도 비가 쏟아져도
불같은 땡볕이 내려도
한 군데 서서 살자는
그들만의 신념이 있다
대지에 뿌리를 내리고
하늘을 향해 성자처럼
기도하는 나무
한자리에 버티고 서서
태산처럼 푸르게 살자는 나무는
나무끼리 서로 약속하며 산다
새가 날아와 둥지를 틀고
겨울날 폭풍이 후려치고 가도
나무는 서로가 서로를 마주보며
바위처럼 말없이 서서만 산다.

엄 초 아

아호는 지월(智月), 시낭송가, 고려대학교 평생교육원 시창작과정 수료, 한국스토리문인협회 회원, 문학공원 동인, 한국시낭송예술협회 사무국장
전국시낭송경연대회 대상 수상(한국문학신문주최), 대한민국문화예술명인대회 낭송 부문 명인상 수상(국회 외교통일 위원장)

붉은 지도를 따라 외 2편

이 태 순

삼국시대부터 전해온 김치
김장김치 하나면 겨울 삼사 개월은 반찬 걱정 '뚝'이다
김장의 붉은 지도를 펼친다
순간 길을 잃었던 허기가 이정표를 발견한 양
고지를 향해 치닫는다
양념 묻은 손으로 한쪽 쭈욱 찢어 맛을 본다
아삭, 한국인만 알 수 있는 이 맛
맑은 계곡과 푸른 능선이 가슴속에 펼쳐진다
돼지 수육에 동동주 한 잔이 생각난다
배춧잎 깊숙이 파고드는 붉은 양념
수맥이 보글거리며 익어간다
금방 한 김장 김치,
한 달 된 김치
두 달 된 김치
세 달 된 김치
일 년 된 김치
이 맛 저 맛 묵은지 줄기 따라 붉은 지도를 그린다

시詩야 나랑 놀자

1. 시인들의 방언

그들은 신의 경지에서
불가능을 가능케 하는 한가지 재주가 있다
금사 은사로 실을 뽑아 바벨탑을 쌓아 올린 연금술사다
그들의 소리는 잘 들리지도 않고 도대체 무엇을 말하는지
나는 일부러 느리게 커피 한 잔은 다 마실 때 까지 귀를 기울인다
신의 영역에서 오줌을 싸버리는 똥개처럼 아리송하다
물안개 같이 신비한 그들을 이해하기 위해 작은 몽돌로 블럭을 쌓아본다
이끼 낀 물때에 물속에서만 존재를 발휘하는 몽돌은 늘 그렇게 흘러내려야 진리다
비 오는 날 토양을 벗어난 지렁이는 왜 나왔을까.
지 죽을 지도 모르고
'야, 다시 들어가. 번지수를 잘못 찾았어'
영역을 표시한 똥개가 똥폼으로 컹컹 짖는다
나는 한 장 한 장 성경을 넘기듯이 신의 영역을 건너다본다
그들은 지금도 현재진행형이다

2. 코드 빠진 라디오

스산한 바람이 분다
아직은 늦가을인데
폐부를 스며드는 추위가 살갗을 에인다
부서진 단풍은 1막 3장으로 바람 속으로 퇴장하고 있다
나의 인생도 인고의 4장을 준비하고 있다
아직은 할일이 많이 남아있지만 보장된 그 무엇도 없지만
겨울 가면 봄이 오리라 염원한다
어느 날 그처럼 영혼이 실종된 나의 빈 몸뚱어리를 누군가 통곡하리라
그는 아는 게 많고 지적이고 참 많이도 웃고 떠들었다
물론 노래도 잘하고 말도 조리 있게 잘하는 팔방미인이다
나는 항상 그의 말을 경청하고 사랑했다
다시는 예전으로 되돌릴 수 없지만 봄 여름 가을 가고 겨울이 오듯이
우리는 스스로는 어쩔 수 없는 운명, 그건 신의 영역이다
내가 늘 부러워한 사철 푸른 거리에 가로수는 나보다 나을까
그 자리에서 한 발자국도 움직일 수 없는 바로 그곳이 자신의 무덤이라니…
과연 우리는 영혼이 있을까
어느 날 혼 빠진 내 몸뚱어리는 그와 무엇이 다르리
그가 웃고 떠들던 시절처럼 나에게 아직은 소중한 오늘이 있다
못다 쓴 시나 한 줄 퇴고해야지

어머니 닭을 잡다

1946년 광복 이듬해 오뉴월 염천

그 시절 태어난 아이들은 일제강점기의 수탈로 먹을 것도 부족했다

영양결핍으로 얼굴에 버짐과 머리에는 백선과 이가 득실거렸다

영양부족으로 고드름같이 코를 달고 다니는 아이들이 많았다

대부분 책가방 대신 보자기에 남녀 모두 한복차림이었다

학교에서 단체로 DDT를 머리에 뿌려주고

미국의 원조품인 분유를 끓여주고 가루도 배급해주었다

야맹증에 밤눈이 어두워 나는 밤이면 한 치 앞이 보이지 않는 장님이었다

물통에 빠진 쥐도 살려 보내는 엄마가 나에게 보약 같은 쥐 고기를 구워 먹인 기억이 아련하다

6살 때 6.25사변이 터져 고향 사람들이 대구 우리 집으로 피난을 와

온 집안이 수용소같이 마루고 방이고 궁둥이 붙일 곳이 없었다

아침마다 앞마당에는 식사준비로 사람들이 벅적거린다

마당 한 컨에서 '꼬끼오 꼬꼬 댁' 엄마 손에 잡혀

모가지가 비틀린 수탉이 풍덩 하고 펄펄 끓는 솥단지에 빠지고,

엄마 손아귀에서 닭다리가 옴짝 못하고 다시 한 번 풍덩 끓는 솥단지에 담겼다가 나온다

엄마는 김이 술술 나는 닭의 털을 몽땅 뽑아
우리 집에 피난 온 사람들에게 식사대접을 한다
불쌍한 닭, 그 충격으로 나는 근 십년 동안 닭고기를 못 먹었다
미군용 C레이션[7]을 먹던 내 유년시절
끊어진 기억의 파편들이 호수처럼 일렁인다

이 태 순

아호는 승곡(承谷), 대구 출생, 대구가톨릭대학교 불어불문과 졸업, 경북 인동상업고등학교 영어교사 역임, 계간 <스토리문학> 시조, 시 등단, <글벗문학> 수필 등단, 한국문인협회 회원, 한국스토리문인협회 평생회원, 문학공원 시동인 자작나무수필 동인
자랑스로운경기문학상 수상
시집, 『참 괜찮은 여자』, 『나도 초행이야』
수필집 『꿈은 나이가 없다』

---

7) C레이션: 미군용 전투식량. 커피 담배 비스켈 통조림 등이 들어있다

실종 외 2편

김 용 운

한 점 기억으로
강가 갈대밭에 숨겨진
간지러운 속삭임을 찾아
살그머니 부는 바람소리에
님의 소리를 듣는다

다시 돌아오지 않는 강물이
점점이 흘러가는 모습에
포개지고 얹어진 마음을 담아
살그머니 부는 바람결에
또 다시 실어 보낸다

망중

모두가 제자리에 멈추었다
치악에 살그머니 걸려있는
잔 구름은 미동도 않고
수변호에 엎드러진 잔물결도
고요히 잠자고
만추에 숨어든 나그네 눈빛만
이리저리 해찰한다

모두가 제 갈길로 간다
오솔길에 가지런한 가로수는
가을바람에 낙엽되고
간간히 들려오는 열차소리는
세월의 흐름을 일깨우고
만추에 숨어든 나그네는
초저녁 어둠에 묻힌다

변환

슬그머니 가시렵니까
겹겹이 누빈 푸른 옷을 슬그머니 벗어버리고
뒤도 돌아보지 않은 채
그냥 그렇게 가시렵니까
가녀린 서북풍에
온몸을 부르르 떨며
자리를 툭툭 털고
미련도 없이 그렇게 가시렵니까

아쉬움 없이 가시렵니까
제멋대로 성긴 몸에 울긋불긋 새 옷을 입혀놓고
흘끔흘끔 눈짓만 하고
그냥 그렇게 가시렵니까?
소로록 불어오는 아리한 바람에
옷매무새 보듬고
요리조리 몸을 흔드는 모양
곁눈질만 하고 그렇게 가시렵니까

김 용 운

아호는 호석, 목사, 월간 <스토리문학> 시부문 등단(신인상)
한국스토리문인협회 회원, 문학공원 동인
시집 『바람 때문입니다』
수상집 『오늘을 내일로 살려면』

어느 아침의 내방객 외 2편

박 해 옥

고로쇠나무에서 수액을 뽑듯 간호사는 피 한 대롱을 뽑아갔다
결과는 들으나마나 뻔하다
염천의 통비도 삼동 매바람도 피한 적 없었으니
왜 아니겠나 몸이여, 자네의 골부림이 당연하다
언제나 짱짱한 마댓자루일 줄 알고
삶의 검불과 비린 상처들을 우겨 담으며
용맹스런 용사처럼 겁 모르고 살았는데
군데군데 실밥이 터져버렸다
건전지 다 되가는 다람쥐인형처럼
뒤뚝뒤뚝 가다 서다를 반복하는데
불안을 한 짐 지고 들이닥친 달갑지 않은 내방객
인생길에도 리셋버튼이 있다면
이 안타까움의 페이지를 지우련만

둘러앉은 것들도 눈만 껌벅거리니
앗긴 잎새는 어디서 찾는 담

까치설날

민들레 풀씨로 날아갔던 자식들이 식솔을 불려 마당귀로 들어서는 까치설날
아픈 다리 같은 막내딸도 이름자 큼지막한 아들도 신발을 벗고 고향집 아랫목에 들면 모두 아이가 된다
장간에서 어무이 삐삐 정지서도 어무이 삐삐 이짝 저짝서 천세나게 불리니
하아, 날개가 돋친 구순의 어머니 놀부가 흥부네 화초장 빳어지고 가는 걸음새다

고방채 추녀 끝에 한 풍경 내걸렸다 명문세도가 조 아무개 후손들이 시누대꼬챙이에
목을 매달고도 바람이 지날 적마다 덕담하듯 바다를 퍼 나른다
현관식구도 대만원이다 문수가 없는 꼬까신부터 보트만한 운동화에 번쩍대는 구두까지
몇은 포개 눕고 몇몇은 엎어져서 한품의 형제답게 잠든 모양새 정겹다
식혜 한 사발 들고 정지를 벗어나니 볍씨 같은 밤별이 내려와 밥알로 동동 뜨는
선달 그믐밤

어떤 이별

춘설 내리던 날
길둥근 동백 잎에 다정히 나앉은 동복자매
난생 처음 보는 눈이 무서워
성아 치마꼬리 꼬옥 잡고 달달 떠는
다박머리 연분홍 어린 뜰동백
기운 없이 웃으며 괜찮아괜찮아 하드만
에구머니나, 낙화하고 마는 애절한 혈연
바람도 화들짝 놀라 두 손을 비비지만

장수거목인들
순차적 이별 앞에야 어쩌랴
눈 오는 날의 어떤 슬픔이여

박 해 옥

계간 <미래문학> 등단, 월간 <문학 21> 등단
한국스토리문인협회 회원, 시와 그리움이 있는 마을 동인, 스토리문학관 동인, 문학공원 동인
부산시 주최 여성문학 백일장 장원,국민카드 사이버문학상 수상
스토리문학관 2002년 올해의 작가
시집 『그대에게 가는 길』

꽃을 심는 할머니들 외 2편

이 월 순

차창 밖에 멈춘 눈길

꽃 지는 퇴색한 얼굴들이
길가에 엎드려 빨간 꽃을 심는다
젊은 날 저 사루비아처럼
빨갛게 정렬을 불태우며
무지개 꿈을 키웠던 얼굴들이
찬란한 햇빛, 주름진 손등에 업고
정성어린 호미자루가 분주하다
마음 밭에 피어나던 아름다운 꽃들
한 잎 두 잎 떨어진 그 자리에
그리움의 꽃을 심는다

가을이 오면

해마다 스치고 지나가는
가을의 길목에서
세월의 무상함을
음악에 실어 음미해보고

파란 마음
노란 마음
붉은 마음

꽃처럼 수없이 피워내도
꽃 지고 낙엽 지는 가을이 오면
음악도 슬퍼지고
거리를 구르는 낙엽은
은빛머리 여인의 눈물처럼
애처로워요

시의 탄생

눈까풀 가몰가몰 꺼져가는 이 밤
커피 한 잔 기름 쳐 불 밝히고
고요한 밤 적막을 깨치는
독수리 자판기 소리
한 까풀 한 까풀 옷을 벗고
속살로 나오는 알몸의 생명체
하얀 종이 위에 방울방울 눕는다

이 월 순

본명은 이석신, 1937년 충북 보은 출생, <세기문학> 수필, <동서문학> 시, 월간 <文學世界> 동시 등단, 한국문인협협회, 한국스토리문인협회, 세계문인협회, 한국기독교문인협회, 동서문학회, 대한기독문인회, 한국기독교작가협회, 충북수필문학회 회원으로 활동 중
<장 폴 사를 에이아르 사르트르> 동시집부문 우수상, 대한기독문학상 수상
시집 『풀 부채 향기』 등 3권, 신앙시집 『왜 나는 그를 사랑하나』, 동시집 『바보 같은 암소』, 수필집 『시가 있는 수필 질그릇』
E-mail :sw2524@hanmail.net

칼의 공식 외 2편

송 옥 임

비록 하찮은 것을 자르더라도
벼리고 갈아 날을 세워야 한다
자르고 썰고 다듬고 쪼개고…
할일은 많고 많은데
베이지 않도록 조심해야 한다
가르고 도려내고 다지는 일도
칼과 인간이 더불어 할일이다
단단하게 자란 무를 토막내
깍둑깍둑 깍두기를 썰고
감자를 깎는 일도
사과를 깎는 일에도
적절한 방법을 모색해야 한다
허물어도 허물어지지 않는
날카롭고 위태로운 일상들…
칼의 공식으로 세상을 견주어본다
자르고 썰고 다듬고 쪼개는 일들이
세상의 모든 것에 적용되어
평등하고 반듯한 세상이 되어지도록
번득이는 칼날이 무디어지도록
기도하는 마음으로 살아가야 하리

나를 깨워

내가 잠자고 있다
너무나 오랫동안 잠들어 있다

나를 깨워야 한다
길고 긴 잠에서 나를 깨워야 해

내가 잠자는 동안
세상이 변하고 또 바뀌었다

어디서부터 어디까지
손을 써야할 지 가늠할 수가 없다

부스스 잠깬 내 얼굴엔
아무런 표정도 그려지지 않고

물론 내 머릿속엔
아무런 생각도 떠오르지 않는다

그저 조금 쉰다는 것이
너무나 깊이 잠들었던 것 같다

나를 깨우고 일으켜
세상 밖으로 내보내야 한다

참깨의 영혼

나는 참깨의 영혼입니다
무리에서 이탈한 외로운 영혼이죠
그리하여 나는 어둠 속에서 둥둥 떠다닙니다
길지 않은 나의 생이 곤두박질치며
과거와 현재와 미래를 생각해 봅니다
물론 내게 미래는 없습니다
인간의 손에 의해 익히고 볶이어
어둠 속을 둥둥 떠다닐 뿐입니다
과거와 현재와 미래를 안고
둥둥둥 떠다니다 스러질 운명…
행복한 적이 있냐고 묻진 마세요
내게도 푸르던 시절이 있긴 했지만요
살아남은 극소수 참깨의 낱알들이
아마도 대를 이어 참깨를 잉태하겠지요

송 옥 임
월간 <문예사조> 등단
한국스토리문인협회 이사
문학공원 동인
시집 『하얀 그리움』 외 동인지 다수

비록 외 2편

이 계 선

가뭄의 골이 깊다
메말라 시들고 타들어간 흔적
태어난 곳이 어디 건
인고의 시간 지날수록 당당하다

짓밟혀 지나온 시간이 섧다
울지 않는다
뜨거운 아스팔트 열기에도
아래로 아래로 물줄기 내리는
뿌리의 고통이 선연하다

누가 잡초라 말하는가
가냘픈 목숨, 짓밟히는 삶 아니다
메말라 쓰러지는 순간까지
고개 떨꾸지 않는다

시원하게 내리는 빗줄기 없어도
새벽 이슬방울 맺혀가며 이겨낸다
아무리 밟혀도 놓지 못하는 것
삶의 끈 아니런가

서글픈 고백

음력 팔월 보름달이 뜨면 처절한 슬픔과 꽉 찬 그리움이 밀려든다 친구와 내게는

유년기에 내게 국어와 한자, 수학을 배웠던 녀석
친구들보다 멋진 외모에 의리 짱인 녀석
아프다는 핑계로 조퇴가 잦던 녀석
상처 마를 날 없이 사고로 병원과 친했던 녀석
알바한다고 오토바이 사고 내던 녀석
돈 많이 벌어서 엄마와 친구까지 여행 보내주겠다던 녀석
유난히 군 입대가 싫다던 녀석
사고보험금으로 어미에게 힘되던 녀석
사경을 헤매던 밤, 컴패션을 느끼도록 고통을 나누자던 녀석

그 녀석이 떠난 지 이십육 개월이 지났다 꽉 찬 달이 뜨면 가슴에 도사리고 있던 그리움이 스멀대며 찾아든다 이른 저녁 식사 후 카페에 나란히 앉은 친구는 짙은 아메리카노를 들이키며 커피향에 무거운 대화를 섞는다

차 타고 오면서 아들 생각을 했어
힘들 때마다 사고보험금으로 고비고비 넘기게 했었지

사고 때마다 얻어진 보험금은 생각하니 달콤한 유혹이었어
제 목숨 담보하여 힘든 어미 살게 하고 떠났다 생각돼

어미 속 꽤나 태웠던 그 녀석
실컷 때려주고 싶은 녀석
허허로운 삶의 공허한 시간이 찾아들 때면 불현듯 멋드러지게
군복 입고 휴가 나올 그 녀석이 그려진다
마음을 토해놓는 친구의 서글픈 고백이 잠을 이룰 수 없게 한다

그 터로

무거움에 겨운 수증기 덩이
궁창 열려 그리움이 폭포수되어
갈한 대지 시름 거둬지던 날
비옥한 토지 일구던 가족 쉽게 울어 옌다

처절한 빗줄기 앞
하수는 봇물되어 솟구치고
땅은 융기되어 흙을 토해내니
이산이다

가혹한 태양은
보드라운 살갗 익혀가고
느릴지나 생존의 쉼 없는 몸서리
상처입고 터져가는 시련
밟혀질 단명의 위협
가리라, 그래도 가리라
사명 있으니, 생명 있으니

깊고 어둘지나
땅 속 토양의 신비 잉태하고

가꿔야만 하는

그 터로

이 계 선

인천 출생
2016년 계간 <스토리문학> 시 부문 등단
한국스토리문인협회 회원, 문학공원 동인
풀잎문학회 동인, 안산여성문학회 동인

꽃향기 진동하는 언덕에 올라 외 2편

김 석 준

서울특별시 용산구 한강로3가 63번지에 우뚝 솟은 희망봉의 야트막하게 펼쳐진 언덕에는 아카시아 나무 몇 그루가 서 있었다 그 북쪽 언저리에는 이등박문 별장터가 존재한다고 어느 선배가 농을 했고 그 언덕 등줄기는 남산 자락에 연결되어 있었다 꽃향기 진동하는 계절에는 그 밑뿌리 깊은 너럭바위 언저리에 앉고 누어 각자의 얘기에 몰입돼 있었다

"들어올 때 별이거든 나갈 때 해가 되거라" 나는 교가를 등에 업고 한강 백사장에서 행하는 신익희 선생 대통령 후보 연설회장을 다녀온다 "못 살겠다 갈아보자"는 사자후獅子吼가 백만 청중의 귀를 때리고 버려진 담배꽁초가 칠십 가마니나 수거됐다 나는 상기 번지에 존재하는 서울 국립교통고등학교 학생學生이었다

그 시절(時節) 최인규 씨가 교통부장관이었고 우리 학교 교장님도 교통부 공무원이었으며 같은 울타리 안에 교통고등학교, 교통부, USOM이 있었고 서빙고 쪽에는 8군사령부 게이트 5정문이 있었다 3학년 때는 기숙사가 헐리는 바람에 나와 두 친구가 자취생활을 하였다 한강북파출소에서 서빙고 쪽으로 연결되는 제방을 따라가다 보면 오른쪽 한강 백사장 언저리에는 이촌동 판자촌이 게

딱지처럼 연결되어 있었다 우리 세 친구의 자취방이 바로 철길 건널목 아래 계단 아래 오른쪽에 있었다

달밤이면 물지게지고 물통 두 개 매달고 건널목 부근에 있는 공동 수도에서 물을 길어왔다 물이 졸졸졸 나와서 두 통을 받는 동안 셋이서 노래를 흥얼거리던 추억이 새롭다. 사라호 태풍 때는 "사람 살려"하며 복창으로 외치는 소리에 깨어나 밖에 나가 계단으로 내려가 보니 강물이 넘쳐 집들이 잠겨 수중가옥이 되고 마을 가운데 제일 높은 교회 십자가 붙들고 외치는, 도움을 외치는 함성이었다 한강 중심 폭에는 상류에서 떠내려 오는 집들과 가축들이 엉켜서 아비규환阿鼻叫喚의 참상이 벌어지고 있었다

역사는 모든 것을 묻어버렸고 지난번 춘천을 가기위해 4호선 전철을 타고 가다 갈아타기 위해 이촌역에서 내려 승강장에 올라보니 1959년도의 흔적은 전혀 찾아 볼 수 없었다 백사장엔 동부이촌동 고급 아파트로 채워졌고 역사건물 밑바닥이 물통추억을 떠올리는 장소쯤 될 것 같았다 그리고 학교가 있던 자리, 교통부, 유솜 자리가 함께 했던 자리엔 초고층 아파트들이 차지하고 있었다 아카시아 추억의 자소는 흔적도 없이 사라졌다 그런데 남산과 함께 지금도 변하지 않은 것 하나가 있었다 8군 게이트를 포함한 에아리어 전체! 세월도 막아내고 그 자리에 존재하는 것은 나무도 풀도 도로망도 그대로

동작대교도 세월과 함께 타고 왔지만 끝나는 부분에서 방향을 꺾어 용산으로 틀었다 직진했으면 8군 주둔지를 동서로 가를 수 있고 2차 세계 대전시 일본군 조선군 주둔 사령부도 깔아뭉갤 수 있었을 텐데 세월과 함께 영원히 이어가는 것은 국제 정세 속에서의 한반도 정세인 것 같다

내가 너무 오래 살았나 보다

청춘青春

나는 젊었을 때 정말 열심히 일했다
그 결과 나는 실력을 인정받았고 존경받았다

그 덕에 60세 때 당당히 은퇴할 수 있었고
그런 내 20년의 삶은 너무 보람되고 자랑스러운 일이었다

나는 퇴직 후
"이제 다 살았다, 남은 인생은 그냥 덤이다"라는 생각으로
그저 고통 없이 죽기만을 기다리지 않았다

나는 공채시험에 합격해서 50번째 안에 드는 건설회사에 정식으로 취업했다

20년의 시간은 지금 내 나이 80세에서 보면…
4분의 1에 해당하는 짧지 않은 시간이었다

만일 내가 퇴직할 때
김주련金柱聯이와 함께 과천에서 수원까지 컴퓨터를 배우러 다니지 않았으면
오늘의 청춘은 없을 것이다

그 바람에 나는 내 인생의 한이었던 대학大學과정 공부를 디지털로 마쳤고 졸업식 날은 『문화를 알면 경영전략이 선다』라는 책을 쓰신 총장님께서 본인이 작성한 졸업 소감문을 축사 속에 넣어 말씀하면서 02학번으로 졸업하는 나를 축하해주셨다 그 과정에서 나는 위대한 가르침 하나를 선물로 받았다

한번은 어느 날 밤늦게 전화가 왔다

"여보세요"

"예, 총장입니다"

나는 깜짝 놀랐다 총장님께서 웬일로 전화까지 하셨느냐고 물으니 졸업행사에서 총장 축사를 하는데 쓰다 보니 내가 쓴 감상문에서 인용할 부분이 있어 전화했다는 것이다 나는 자랑스럽게 생각되는데 그것 때문에 전화까지 하셨느냐 물으니까 아니란다

지적소유권 때문에 본인이 승낙이 필요하기 때문이란다 나는 세상에 태어나서 처음으로 지적소유권이라는 용어를 들었고 그것이 대학교 총장님으로부터 얼마나 큰 교훈이 되었는지…

02학번 여름 졸업식에서 졸업생이 차례로 줄을 서서 격려를 받고 졸업장을 받았다 그리고 그날 총장님과 내가 동년 띠 갑인 것도 확인했다 그 전 입학식을 전후해서는 7월 3일자 조선일보에 만

학도(晩學徒)의 한 사람으로 사회문화면에 사진과 함께 보도된 적도 있다 그리고 이젠 시조(時調)도 공부하고 싶다 이만하면 청춘이 아닌가

왕망전王莽錢 동전 하나

1600년 전 흔적의 조개 무덤에는 굴 껍데기가 가장 많지만 백합이나 소라 같은 다른 껍데기도 보이고 아래턱이 완강해 보이는 들짐승의 뼈도 함께 있다. 강산이 수백 번 바뀌다 보니 망망대해였던 그 자리가 옥토로 바뀌고 논으로 개발되고 밭으로 개발되어 지금은 김해 평야로 바뀐 넓은 평야 한가운데 조개 무덤 언덕이 남아있다

그 속에 동전하나
여러 가지 토기 조각, 불에 탄 쌀알 옆에서 발견된 글자도 또렷한 왕망전王莽錢 동전 하나!
신라인들이 배를 타고 중국 대륙을 넘나들며 무역을 하던 기상이 녹아있는 한반도 철기새대의 흔적이며 장보고張保皐의 기상까지도 무역정신이 오늘 날 지구상에서 열 번째의 수출국으로 발돋움한 원동력이 되었으리라

파나마운하를 통과하고
스웨즈운하를 통과하고
베링해협을 통과하고
태평양을 통과하는
오늘날의 무역정신도 왕망전 속에 흔적이 있을 것이다

김해 민속 박물관 주변에는 수로왕릉 주위로 허 왕 후릉도 함께 신라 고분을 닮아 봉분이 크고 수능원에는 나무들이 곳곳에 우거져 있고 왕버들이 많은 편인데 김해평야가 여기 있기에 가능하고 잘 어울리는 것 같다

제발!

항만港灣이 성공적으로 개발되어 수십만 톤의 크루즈 선박이 수백 척 들락날락 해양海洋 한국을 뽐내며 5대양으로 뿜어내는 KOREA의 기상이 우주공간까지 뻗치면 훗날 조개무덤에서 발견된 동전 왕망전王莽錢 하나가 1,600년 후에도 사자후를 토할 것이다

김 석 준

계간 <동방문학> 수필, 시 등단, <스토리문학> 시조 등단
한국문인협회 회원, 한국스토리문인협회 회원, 안산문인협회 회원, 문학공원 동인, 안산별망성백일장 장원
시집 『고무락엔 누가 있나』
이메일 주소 : k239207@hanmail.net

노을 도둑 외 2편

김 미 진

눈이 부시다
집으로 돌아가는 새들의 날개가 녹아내린다
달리는 차 유리에 붉은 바람이 번진다
땀 흘려 살아낸 하루가 모두 빨갛게 물든다
누구도 궁금해 하지 않는 내 일상의
가쁜 숨을 내려놓는다

물비늘 마디에 빛이 고인다
물은 흐르지 않는다
빛이 흐른다
노을을 가득 싣고 용암이 되어 흐른다

빛은 너무 멀리 있다
갈라지는 빛이 온몸에 젖어든다
다가갈수록 깊어지는 외로움

억새에 앉은 몽환을 봤다
붉은 자위 떨어지며
내일 일은 걱정하지 말아요
오늘 내 노래로

당신을 데려갈 테니까요

당신을 사랑하고 외롭게 한 죄로
나는 저 붉은 바다로 뛰어든다

내 모든 것을 사르고
쓸쓸함과 작별해야지
주머니 속에 뜨거운 별 하나 뜬다

감자와 도라지는 형제

감자 씨앗을 버렸다
하얀색 보라색
꽃 피운 대로 앉으라고 감자를 묻었다

비탈진 이랑
가물이 들어 피고 지고 시들어도
그리움으로 포실포실 품어
보리타작에 허기진 속 달래라고
유월 감자로 서둘러 앉았다

어머니의 일 바지 꽃무늬를 닮은 감자꽃
달빛을 품어 안아 목공단 별꽃이 되었구나

도라지 꽃
하얀색 자주색
도도한 맵시 시샘도 하지 않고
쉰내 나는 어머니의 손길 한번 없어도
너는 펄펄 끓는 유월의 강에서
아기별처럼 웃고 있구나

겨우내 바람 시린 가마니 속에서
검게 짓무르더니
시큼한 건건이가 질려 맑은국 되려다
가물에 흙딱지 헤쳐 포기를 이뤘구나

하얀 꽃 자주 꽃
뿌려진 대로 마른 땅 가르며 벌떡 일어나라고
씨눈을 묻었다

흰 감자꽃 흰 도라지꽃
자주 감자꽃 자주 도라지꽃
서로 어깨를 나란히 유월 들판을 키운다

출발

길을 오라 했다
가서 두고 온 꿈을 찾아와야 한다
견고한 과거는 잊어야 한다
힘차게 수레를 달려
해가 뜨는 곳으로 가야 한다

잣나무를 오라 했다
가슴을 펴고 깊게 호흡해야 한다
눈부신 햇살이 부드럽게 부서지는
상쾌함을 가져오라 했다

내가 가든 그가 오든
시간을 돌아보지 말고
제 갈 길을 달려가라 했다
꽃이 피는 순간은 가장 순결하다
거친 들판은 끝없이 오라 손짓한다

봄 길을 오라 했다
덕담하기에 좋을 때다

김 미 진

포천 출생, 건축업 대표
한국스토리문인협회 회원
문학공원 동인

선물 외 2편

김 윤 경

어둠에 몸을 기대면 욱신거리던 삶의 응어리 달걀 풀어지듯 풀어진다. 긴 터널의 끝을 찾아 헤매던 외로움도 잠시 옆에 눕힌다. 눈앞에 집시의 한 맺힌 몸짓언어가 거리에 지문으로 남고, 매일 밤 삼중커튼을 치고 빛의 티끌 하나 허락지 않는 창마다 재봉질한 후 암흑의 세계에 빠져든다. 심장이 녹도록 오지 않는 계절은 네 가슴 언저리를 배회하더니 시름시름 희망이 없는 침대에서 뼈를 맞춘다. 머리가 잘린 사랑이 습관처럼 뒹구는 방. 본능의 시간은 흐르고 허기진 배를 채우는 빵과 커피가 허공에 떠다닌다. 지금까지 마신 커피는 강물이 되어 흐르고 독한 위스키에 영혼을 팔든 젊음은 어디로 갔을까? 떼 지어 다니는 나비와 나방과 이름 모를 철새 뒤를 따르는 가여운 여자. 날개들이 몸살을 앓는 하늘은 언제나 떠나려는 자들의 대기실이다. 용기를 내 보지만 문이 없어 나갈 수가 없는 상자. 더 이상의 희망은 보이지 않는다. 허락된 것이 있다면 자유로운 생각뿐. 나무, 집, 세상 모든 것이 다 얼어 손가락만 희미하게 움직인다. 손끝으로 노래하고 손끝으로 밥을 먹고 손끝으로 숨 쉬는 연습을 한다. 그리고 손끝으로 운다. 암흑 속 사랑은 볼 수도 만질 수도 없다. 안고 싶다. 신이 주신 선물 손끝.

넝쿨

숲은 유괴의 흔적을 감추고 달아난다
물렁물렁한 공기 이유 없이 감싸 안아
위를 향해 미친 듯 포효하는 넝쿨들
봄부터 가을까지 덧칠한 세월
산을 뒤덮는 이유는 무엇일까
사력을 다해 번식하는 무성한 잎의 유희는
진행형으로 올라만 간다
네 발을 본 적이 없다
밀가루 반죽 같은 울창한 옷 걸치고
넝쿨 안에 집 한 채 짓는다
비밀번호는 ㅂㅇㄱ
에메랄드빛 카펫이 깔린 골방
책받침만한 창 하나 만들어
음지의 정원을 바라본다
뿌리는 멈춘 시간을 더듬고
층 쌓인 먼지 틈으로
스멀거리며 기어가는 기억
추위가 휘몰아치면 앙상한 뼈만
나무에 뒤엉켜 압축된 채
꿈꿨던 포근한 골바람과 함께 사라진다

프리즘

안개가 모든 것을 삼키는 황야
한 여자 문을 열고 들어간다
뼈마디가 시린 벽은 유리로 둘러있어
밤이면 걸어가는 풀들의 행렬이 고요해질 때
룸바를 추는 그녀
1, 2, 3, 4, 1, 2, 3, 4…
어둠 속 바비 인형 같은 다리
누군가 가만히 뒤를 돌아보고
부드러운 바람이 그림자를 데리고 간다
보랏빛 상처를 재우는 묵은 달이
창공에 보석 같은 빛을 뿌린다
신기루가 눈을 감고 멀리멀리 사라져간다

김 윤 경

서울 출생, 한국현대시인협회 간사
한국스토리문인협회 회원, 문학공원 동인
글핀샘문학회 회원

신발장 속으로 외 2편

조 정 환

신발장 문을 열 때마다 구겨진 족적들의
빼곡한 시선들과 마주친다.
한동안 나를 담고 다녔던 공은 잊은 표정들이다.

그들의 의미를 연장시키려고
기억의 빗장을 잠근 것이 폐쇄회로가 된 공간

켜켜이 쌓인 발자국들의 견딜 수 없는 호된 비난에
코를 들 수가 없어 얼른 문을 닫은 무덥던 여름날
마음문을 열지 않아 애를 태우던 오랜 친구의 모습이
가시가 되어 찔렀다.

이제는 걸어온 길의 기억조차 흐려져 잘 보이지 않는
뒷방에서 그래도 매일 새로워지겠다며 드문드문
돌아보는 장면 속에 아무런 새로운 것이 없다.

이미 버린 것들과 버려도 버려지지 않는 것들과
끝까지 붙들고 가야한다는 집착으로 남은 것들이
기억의 잉여지분으로 남아 있고

되돌아 갈 수가 없어서 더욱 소중한 행간의 풍경들이
차츰 보이지 않는 속도로 지워지는 것을
무기력이 감당하고

이제 내 몸이 남긴 발자국들은 나를 잊은 채
나를 떠나 알 수 없는 그들의 길을 향하여 침묵하고

내가 걸어 온 길의 형편만큼 무겁다.

세상에서 내 족적을 거두어 가는 날
누가 내 신발장 쏟아보면 어두운 세상을 향해서
날아오를 반딧불이 하나 있을까?

나팔꽃이 나팔을 불다

나팔꽃이 부는 나팔소리를 듣기 위해서는
나팔소리를 듣는 눈이 필요하다.

나팔꽃은 소리를 볼 줄 아는 사람에게 귀를 열어준다.

나팔꽃의 나팔소리를 볼 수 없는 사람은
눈이 어두워서 귀가 어둡고
세상의 아름다운 모든 꽃들의 음성을 듣지 못한다.

눈이 열려야 귀가 열리고 가슴이 열린다.

가슴이 열리면 귀로 꽃을 볼 수 있고
빛의 소리와 어둠의 소리를 구별하고
아침의 소리와 저녁의 소리도 볼 수 있으리.

빛을 깨우기 위해서 새벽은
동트는 함성으로 오고
아침을 듣기 위해서 나는
아침마다 나팔이 된다.

아침햇살은 내가 내지르는 나팔소리다.

초록의 신비

팔이 짧아서 햇빛을 받아먹지 못해
창문을 뚫기라도 할 듯이 으름장을 놓던 초록이
팔을 더 늘려서 조금 더 받아먹게 된
창틀 안에 갇힌 화분들

그 작은 이파리의 안간힘이
한없이 흔들리면서 무딘 숨결을 담아내는
몸짓은 촉촉한데
투명한 것들을 그러모아 푸른 형상을 이루어내는
초록은 경이로운 생명체다.

햇살은 언제나 그리움
그리움을 타고 펄펄 뛰어올라
세상 가득 자랑으로 넘치는 계절을
눈부시게 출렁거리다가

목마른 세상 가득 갈증을 채워주며
식지 않는 여운을 남긴 채
문 닫을 때를 알지만

엄청난 생명의 신비를 거느리고

아무도 범접할 수 없는 정복의 깃발을 펄럭이는
초록은 대체 어디서 온 것일까?

문득 초록의 거울 속에 젊은 내가 스친다.

조 정 환

1960년 <조선일보> 신춘문예 당선
한국문인협회 회원, 한국스토리문인협회 자문위원, 문학공원 동인
시집 『풀잎편지』 외

허무한 삶 외 2편

노 지 윤

예고 없이 터를 잡는 병력부대
지방 초서에서 감당하기 어려워
서울 본부에 몰려든 환자들
걱정에 묶인 근심을 털어놓으며
혀끝이 마르고 단 냄새가 입안을 채운다

깊이 병사가 투입되었다는 직장암에
벼락 맞은 나뭇가지 꺾이듯 고개를 떨군다
설마 하던 내심을 체념한 듯
쓴웃음을 입가에 바르며 한숨을
어금니로 깨물어 입김으로 토해낸다

낡고 빛바랜 창호지 같은 얼굴
이미 엎질러진 물 개탄하고 통분한들
속울음으로 비애를 느끼며
원통하다는 회한을 곱씹는다
아래로 떨군 언니 얼굴… 겨우

질곡의 징검다리 내딛는 순간
보름달에 먹구름이 덮어버리고
뙤약볕에 시들어버린 농작물이 된 가족

소나기라도 한 줄기 쏟아졌으면
안타까움에 애가 탄다

백석과 나타샤의 애뜻한 사랑

두 번이나 쥐어준 꽃을 버린 그
그의 마음을 빼앗아버린 그녀는
가난 때문에 팔려가다시피 한 운명
남편과 사별 후 탄탄치 못했고
질곡의 삶 기생의 길을 택했다

그의 마음을 기녀의 치마폭으로 품었지만
산 너머 산 신분 두 글자가 높은 벽을 쌓고
해방 후 남과 북의 분단 때문에
그는 그녀와 만주로 가기 원했지만
그의 인생길에 걸림돌이 될 것 같아
거절해 마지막 끈이 끊겼다

성북동 기슭에 요정인 대원각을 차려
늑대 여우가 기웃거려도
그녀는 그의 사랑을 마음에 담아두고
생일이 7월 1일인데
그날은 끼니를 먹지 않고 그를 기다렸다

그녀는 법정 스님 무소유 글을 읽고
천억 대의 대원각을 법정 스님께

시주를 하겠다 하지만 극구 사양하자
십 년을 쫓아다녀도 받아들이지 않자
송광사에 시주하고 법정스님께서
지금에 길상사를 관리하게 되었다

천억 이리는 돈이 아깝지 않으냐는 질문에
그 사람의 시 한 수만 못하다
1999년에 그녀가 떠난 뒤
길상화 법명을 지금의 길상사로
한 줌의 재는 유언으로 절터에 뿌려져
극락전에 영정과 유품이 그녀의 사랑을 기억하고 있다

일주문 들어서면 백석과 자야의 애틋한 사랑에
낙엽이 서걱서걱 슬픔을 밟고 있다
그녀 이름은 김영한, 아호는 자야, 법명은 길상화
두 송이 꽃을 쥐고 홀연히 먼 길 떠났다

남쪽 마을 푸념

여그 남쪽이 따시기는 따십단께요
이른 봄이라 사방서 꽃봉오리 터질라고
이웃집 늦둥이 상고 갱는 소리처럼
요란헌 것 같단께요

북쪽은 아적도 나뭇가지에
허연 눈꽃 이파리가 붙어 혀를 날름대고
남쪽 담 누락에 꽃샘추이 따뜻헌 햇살에
읎는 놈 살기는 여그가 제격이란께라.

나순개 꽃피고 삐비 배 올라오면
동네 가시내 나물 캔다 오두방정을 떨며
물레방아 틈새에서
거시기와 주댕이 깨미는 소리에
복사꽃 꽃잎 우수수 떨어지고
워매 내 맴도 벌렁벌렁 지랄이란께라

논둑에는 풀잎이 실눈 껌뻑이며
쑥.
쑥 대가리 밀고 나오는 쑥 잎을 뜯을라.
농사일 시작 헐라 바쁘다 본께

어깻죽지 쑤시는 줄도 모른단 말이요.

그려도 가을 게는 곡간에 산대미처럼
쌓인 가마니를 보믄
호탕한 웃음이 겁나게 살이 오르고
오지단께요.
안 그요 그라지라 잉.

노 지 윤

계간 <스토리문학> 등단, 고려대학교 평생교육원 시창작과정 수료
한국스토리문인협회 회원, 문학공원시동인, 자작나무수필동인
동인지 『가슴에 이는 파도』, 『새소리 밥상』, 『힘들지만 사랑의 힘으로 배긴다』 외 다수
가곡 <타국에서 전화를 걸며>

발굴 혹은 발견 외 2편

정 소 진

디딜방아를 아시나요? 시골 생활의 필수였습니다 곡식을 찧거나 빻는 일을 맡아서 해주었지요 찧는다는 말은 벼, 보리, 조 등의 껍질을 벗기는 것을 의미하고 빻는다는 말은 쌀이나 밀의 가루를 낸다는 뜻입니다 용도에 따라서 사용하는 고股가 달라졌습니다 찧는 건 쇠로 만든 고를 사용하는데 얼금얼금 홈이 파져 있었고 빻는 고는 나무로 깎아 만든 단단하지만 밋밋한 거였지요

그런데 경상도 말로 쓿는다는 말이 있었는데요 예를 들어 소리 나는 대로 발음을 하자면 "보리 씰그러 가자. 나락 씰그러 가자"라고 했지요 무슨 말이냐 하면요 벼나 보리의 겉껍질만 슬쩍 벗기는 것을 쓿는다고 했습니다 지금의 현미쌀이 거기에 해당되겠네요 악센트는 '씰'에다가 줍니다 저는 그 말을 어떻게 쓰는지 늘 궁금했습니다 도무지 표준말이 무엇인지 몰랐거든요 아! 그런데 말입니다 드디어 알아냈지 뭡니까! 바로 이렇게 쓰더군요

[쓿은─쌀 [쓰른─][명사] 쓿어서 껍질을 벗긴 흰쌀.] 제 맘대로 지어낸 말이 아니구요 국어사전에서 찾은 거예요

놀라웠습니다, 궁금해 죽을 일은 면했으니 얼마나 다행입니까

'쓿'자가 있다는 사실도 놀라웠고 바로 그 글자가 우리 고향에서 쓰던 '씰는다'는 말이라는 사실, 경이로움 그 자체였습니다

아니라구요? 다른 말이라구요? 이 예를 살펴보시면 이해가 쉬울 거예요.

"쓸데없는"을 경상도에선 "씰데없는"으로 발음한다는 사실은 아시지요? 바로 그거예요. 그러니 정말 대단한 발견 아닌가요!

갖다 붙이기

2005년도 병술년엔 술병께나 쓰러졌지
밥은 싫어도 술은 먹어야 산다던
애주가 남편이 그야말로 병째로 술을 마셨거든
도대체 어찌 그럴 수가 있냐고 다그치면
"이 사람아. 금년엔 해가 그런 걸 어쩌겠어
병술을 마시라고 하잖아, 세월이 시키는구먼"
웃지도 않고 너스레를 떨었던 병술년

12년이 지난 지금 나도 큰소리 쳐야지
고맙게도 올해는 무술년이라지 뭐야
주태백도 꼼짝 못 하겠는 걸
술이 없는 해이니 무슨 재간으로 마시리
열 두해 동안 참았으니 나도 할 말이 생겼어
"여보! 세월이 술을 못 마시게 하잖아요"

살다 보니 이런 때도 오는구나
반갑고 고맙다 無술년아.

눈물의 무게

마음 놓고 울었다
철철 흐르는 것은 숨을 막던 모든 것

흐르기 전 그 무게가 얼마였길래
몸 마음 이렇게 날아갈 듯 가벼운가

정 소 진

한국스토리문인협회 이사, 글벗문학회 회원
문학공원 동인
시집 『달관한 시지프스』

갱년기와 당구 외 2편

조 은 숙

갱년기가 왔다고 밤에 잠을 못자고
우울해하는 그에게 당구를 권했다
그는 방송도 당구 프로만 보고,
아무것도 모르는 내게 쓰리쿠션 얘기를 한다
늘 혼자 와서 당구치는 사람들로 인해
그는 언제든 게임을 할 수 있다
왜 사랑한다고 말해주지 않아
내게 관심이 없는 거야
손도 잡아주고 엉덩이도 툭툭 쳐봐
하던 그의 투정이 줄었다
진작 당구장으로 보낼 걸 그랬다
당구를 친 후 체중이 많이 줄었다
옛날 대학교 때 처음 당구를 배우면 천장이
당구대로 보인다더니
그는 갱년기의 나이에 당구와 사랑에 빠졌다
선수들의 묘기에 가까운 경기를 보면
나도 배우고 싶어진다
내게도 당구를 권하는 그
올 가을엔 나도 당구를 배워볼까

그와 나란히 긴 사랑의 작대기 위를 걷고 싶다

우린 바람나기로 했다

천안에 사는 작은 시누를 찾아
사남매가 모였다
맏며느리 형님은 명절에 쉬지 못하는
시누 부부를 위해 열 가지도 넘는 반찬을
봉지봉지 싸서 큰시누 편에 보내고
형님네와 우리는 막히는 고속도로를 뚫고
서해 한진포구에 모였다
각종회와 꽃게찜으로 소주를 마시고
바다바람이 스치는 3층 커피숍에서
조카들과 같이 커피를 마셨다
종갓집 종손이라 어깨가 무거운 장남
차남이라고 벌초도 가지 않는 둘째
남자도 하기 힘든 세무 공무원 오급 사무관인
능력 있는 여성 셋째
마음이 넓고 큰 막내딸
성묫길에 훗날 홀로 찾을 할머니 산소를
스프레이 페인트로 표시하는 조카
우린 종갓집 맏며느리 지휘 아래
휴가도 같이 가고 각종 반찬도 자주 얻어먹는다
맏며느리는 타고 난다고 했던가

둘째 며느리인 나는 위대한 형님 앞에 부끄러울 때가 많다
그와 나는 일도 거의 하지 않고 형님을 의지한다
희생하는 형님 덕에 우리 모임이 이어지고 유지된다
일 년에 한 번씩 사남매는 바다바람 강바람
어디든 우린 바람나기로 했다

잎갈나무의 노래

노랑 빛은 나를 따라올 수가 없다
푸른 소나무 사이사이로 샛노랗게 물든
내가 떡하니 자리를 지키면
붉은 단풍은 가을이라 말하고 싶지 않다
은행도 내 앞에선 잎을 떨구고 만다
높은 산허리에 쭉쭉 키를 키운 나는
발 아래 잡풀도 허락하지 않는다
봄날 고사리 꺾으러 온 아주머니도
허탕치고 돌아가게 만든다
혼자 오기 무서워 어린 딸을 데리고 오는
아주머니를 인정 없이 떠나게 한다
젖먹이 어린 동생을 업고 오솔길을
힘겹게 걷는데 청설모를 데리고 와
소스라치게 놀라게도 한다
나는 욕심 많은 사람이다
노랗다 못해 황갈색 빛으로 떠나는
가을을 잡게 만든다
늦가을 들녘 먼산 먼 발치에서
나는 화가들을 불러 모았다
화가들은 파레트마다 짙은 가을을
풀어 놓는다

단풍과 은행을 이긴 나는 갤러리에서도
잎갈나무 왕이다

조 은 숙

고려대학교 평생교육원 시창작과정 수료
한국스토리문인협회 회원, 문학공원 동인
동인지 『달리는 미술관』, 『가슴에 이는 파도』,
『새소리 밥상』, 『구름의 집중력』 외 다수

4부

청둥오리의 모정

할미고딕이의 부당한 치매 외 2편

김 원 식

봄비조차 격정의 꽃몸살을 앓던 밤에는
부나비가 뛰어 들었다는 4차선 불빛 속을 건넜다
거부할 수 없는 필생의 등짐살이
홑눈으로 험지를 더듬으며 무르팍으로 쓴 나선의 생을
히말라야산맥을 타고 타클라마칸을 걸어간 수행자들이
사막에 쓴 문장에 비교되는 것은 부당당하다
평생, 여린 속살 아물 날 없이 풀밭을 일구며
매 순간 다섯 식구의 최후를 살았기 때문이다
간신이 핀 청매마저 바람결에 위태로운 날
새우잠이 든 아들 꽃샘추위를 덮어주려고
기억이 빠져나간 엉덩이로 이불을 끌고 있었다
갈라진 뒤꿈치로 땅을 살았던 달팽이가
한 평 남짓 창밖 풍경을 세간으로 받던 날
기억 속 마지막 기억, 자식들을 부르기 위해
우우 우우 뼛속 말을 비틀어 짜냈다
고장 난 촉수로 우렁우렁 종소리를 울려서
멀어지는 가족의 뒷모습을 당기려는 애고지고.
요양원을 걸어 나온 길이 저만치 우련하다

숨어 우는 백동백

절망이 허공을 뛰어 내리던 날
오랜 이별을 뭉긋거리다가 나,
한 송이 곳갓을 꺾은 적 있다
모가지 채 져도 좋을 사랑이라고
애써 비릿한 최후를 위로하면서
진도 동석산 귀양살이를 풀었다
여염집 돌담 풍문 따라 걷는데
수묵으로 친 운림산방 여백에
은밀한 사랑이 먼저와 피어 있다
당신만을 사랑한다는 동백꽃말 속에
저리 숨어 핀 흰 동백 사연이나
한때 우리도 타인이었던 것처럼
동박새 울어쌌는 속내는 묻지 말자
목숨 채 져도 좋았을 사랑
문신 같은 여자 백동백, 툭 진다

어떤 생각

이 저녁 울 듯 말 듯
이별을 눌러 쓰다가
종이 한 장을 구겨버린다
금세 지구가 휑하다
함부로 도벌한 나이테
필시, 나는 미필적 고의다

김 원 식

한국스토리문인협회 명예회장
윤동주학술제 추진위원장, 천상병문학제 운영위원장
제4회 귀천문학상 수상
시집 『그리운 지청구』
『꿰맨 글 맞춘 세상』

도배기[8] 외 2편
- 엘리베이터

손 문 자

멀찌감치 앉아있는 층계
귀와 눈 스물네 개 세 발로 걷는다
무無에서 무無로 가는 문
종종걸음이 열리고 닫힌다,

502호 뽀송인 누굴 봐도 으르렁대는 괴짜
205호 양이는 안아만 달라는 타짜

짜장면이 몇 호로 가는지
택배는 몇 호에서 받는지
무無에서 무無로 이동한다

사람냄새 푸르고 열림닫힘이 푸르다
푸름과 푸름이 맞닿아 공간과 공간을 잇는다

문밖에도 문안에도 허허로운 명암을 담고
길 아닌 길을 가고 서고 서고 간다
벽과 벽 사이에서 도배기는
끊임없이 사람을 되고 있다.

---

8) 도배기 : '되'의 경상도 방언

백설수염

바다 해 밝을 명
왜귀[9]가 도망간 자리
포로수용소가 들어와 갈라놓은 해명海明 수월리

어느 여름 장맛비에
미꾸라지 한 마리 하늘에서 툭 떨어졌다
미끌거리는 누런 뱃살 소금으로 비비고
호박잎 문질러 시래기로 간맞췄다
절구는 홍풋고추와 마늘을 찧어내고
가마솥에 푹, 고아 뚝배기에 대접했다

백설수염
삽 괭이 들고
새벽마다 논배미 물꼬 텄다
물고 틀 때마다 튀어 오르는 미꾸라지 피비린내
뱃속에 들어간 미꾸라지 새끼가 깔딱깔딱 뛰었다

똘물도랑 고치다가
허리 잘린 미꾸라지 붉은 피를 흘렸다

---

9) 왜귀 : 일본 귀신

네 모 반듯한 다나까[10] 갯논엔
철없는 황새가 날아들어 철을 알리며
긴 다리 걸어 올리고 미꾸라지를 넘보고 있다

하염없이 난세를 바라본 백설수염
아직도 성성한 역사가 백설수염 속에 박혀있다

---

10) 다나까: 일본사람 이름.

致자 돌림판

널로 낚은 모국어
청정해역 산지에서
여의나루 국회國會횟집으로 특송되었다,

경매가 단돈 500냥
큰 뼈 바르고 지느러미 자르고 국회國膾를 뜬다
온갖 잡어雜語섞어 매운탕 한 탕기를 끓인다

큰 입들
멸치, 꽁치, 갈치
치治자 돌림 물고기만 줄 세워 고른다
비린내 풍기는 미끈미끈한 치들이
국회國會입방아에 앉았다

민물에 사는 고기는 입에도 못오르고
싱싱한 회들만 정치政治안주가 된다

100도 넘는 알콜로도 소통 안 되고
억억거리는 정치 엉망진창 돌아간다

궁민窮民들께
치治자 앞에 돌림판
국회國膾한 접시
빈 접시로 빙글빙글 돌고 있다.

손 문 자 孫文子

경남 거제시 출생, 2004년 <문학 21>시 등림, 2016 <자유문학> 民謠詩 신인상, 한국 방송 통신대 국어 국문학과 재학 중.
국제펜클럽 한국본부 복지위원회 위원, 한국자유문인협회 회원, 민조시인협회 회원, 한국스토리문인협회 회원, 성동문인협회 회원, 문학공원 동인2003 국제서화협회 초대전 예술문화상, 2005 경기도지사 표창, 2012 일성 이준열사 추모시 전국대회 장려상. 민조시집 『空回轉』, 전자 우편: Emeil-munja7063@naver.com

나는 보았네 외 2편

양 상 군

첫눈이 내리는 날 평심루平心樓에 올라
세월의 헛헛함을 달아매다
찌푸린 날씨 으스스함이 갈기를 곤두세워
헐벗은 나목 사이에서 소란을 핀다

어느 집시의 망향가가 들리는 듯해
교차로 벤치에 앉아 텅 빈 가슴을 열어본다

긴 여름 흘린 땀 속절없이 고공에 올라
기류의 사랑 속에 잉태하여 산고 끝 눈송이로 날려오네
아! 첫눈
외치다가 눈시울이 뜨거워질 때 누군가 다가오다
첫눈이 내리네요 인사를 보낸다

참 아름답지요 대답의 미소를 보내오며 발걸음 총총
왠지 심박동이 멈출 듯 뛴다
멀어져 가는 그대 때문일까 그 순간의 여운이 가물가물

나는 보았네 꽃보다 이쁜 얼굴
나는 보았네 꽃보다 고운 마음

나도 그렇게 되고 싶어

무엇을 드릴까요

제 눈을 보세요
이른 아침 풀잎에 맺힌 이슬 같은
해맑은 눈빛을

제 입을 보세요
이른 봄 복사꽃이 봉긋이 꽃대를 열면
새 빨간 꽃잎 같은 입술을 보냅니다

꼭 잠긴 문을 열고 받으세요
값은 치르지 않아도 됩니다
백지 수표도 동봉합니다

마음 깊이 간직했다
눈비 오면 겉옷으로
바람 불면 바람막이로
험한 길 만나면 노자로 대신하세요
잠 못 이룬 밤이면
수면제로 쓰시면 됩니다

행여 무료함이 괴롭히면
섬주섬 몇 가지 짐을 꾸려
기적소리에 얼굴을 파묻고 가볍게 떠나보세요

드릴 것 이것뿐입니다

우리 아씨

파란 하늘 들녘에도
심술꾼 있어
오지랖 펴고 접고
봄바람 임 바람에
굴러가는 끈 풀린 쌍두마차
멋 따라 입맛 따라
우리 아씨 마음씨도 울긋불긋

그대여 놓치지 말아요
해그늘 지기 전에
소리 없이 다가가요 벌 나비처럼

촛불을 당기지 말아요
불나비 눈뜰 때까지

양 상 군

계간 <뿌리> 등단, 옥조근정 훈장 수령, 동남보건대학교 외래강사 연임 1982-1993, 면역혈청검사학회장 역임, 뿌리문우회 회장 역임, 한국시조사랑 시인협회 감사 역임, 여강시가회 이사 역임
한국문인협회 회원, 한국스토리문인협회 회원, 문학공원 동인
동인지 『꿈꾸는 도요』 외 다수

청둥오리의 모정 외 2편

강 복 연

여름 내내 모심기를 한
지난해 가뭄에
젊은 갈대마저
하얀 쭉정이를 휘날리는 늦가을

해의 잔이 서서히 기울면
바람이 불어와
물반죽을 하면
청둥오리가 모여서
거친 것은 부드럽게 칼질을 하고
둥근 것은 잘게 가위질을 한다
햇빛으로 몸무게가 줄어들까봐 물러서지 않는다

연꽃향을 찾으려고 물밑을 쪼아댄다
똥고에서 은행구린내가 난다
힘들어도 멈추지 않고 고개를 숙이면
하늘은 젖은 국수를 비처럼 뽑아내고
대지는 마른 국수를 밀처럼 뽑아낸다

대부도 밤바다

10.8km로 줄행랑하는 개미들
시화호에서 대부도로 가는 길
시화나래공원으로 가로등이 앞장을 선다
시화호 조력 발전소 불빛은 영광의 불빛
영광영광영광영광 영광영광영광영광
영광은 후렴의 불빛

두 팔이 뻗어나가는 노래에
밤바다는 어둠을 쓸어담고
밤안개는 섬을 둘러싼다

양쪽 날개와 꼬리에 별을 단
인천국제공항에서 뜬 꽃게가 저공비행으로 엉금엉금
영종도에서 다가온다
아직도 녹슬지 않은 해태부라보콘
장애물을 허물고
바람개비처럼 줄줄이 몰려온다

잠에 취해 버리지 못한 수면제를
냠냠 나눠 먹을 수 있는 꽃게과자
갯벌로 마사지한 검은 얼굴들

썰물이 거친 숨을 몰아쉴 때마다

발자국으로 갯내음이 닿은 곳마다
집으로 배달되지 않은 절임배추인양
밤바다에서 깊은 인연을 행보하고 있다

공작새

무대장식으로든
방안 도배지로든
선인장 꽃을 피운다

하늘의 별이 반작이자 달빛이 새어나와
마을 민속춤에 모여든 칼럼집

결혼하는 신부가 긴장하는
웨딩드레스

웨딩마치에
잔잔한 호수는 물결치고
박수가 박자를 맞춘다

넘어질 듯 기울어질 듯 중심을 잡아가며
서툰 자전거를 타고 있다

계곡물이 흐르자 산천에 풀이 자라나
큰 연못에 심어진 푸른 계절
외로웠던 몸에서 향긋한 햇살을 받아들인다

물결무늬에 박힌 구슬
무게를 이겨낸 꽃신은
걸어온 꽃길에 멈춰 서서
단단한 껍질을 벗기며 유전자를 뿌린다

행복한 가족의 암각화처럼
월요일 출근을 준비한 문향

곱씹어 껌딱지가 된 입천장에서도
아롱아롱 흔드는 매혹의 자태

힘껏 펼친 부채가 가뭄을 이겨낸
만인의 목덜미를 시원하게 한다

강 복 연

계간 <스토리문학> 시, 수필 등단, 풀잎문학회 시창작과정 수료
한국스토리문인협회 회원, 문학공원 동인, 풀잎문학회 회원
안산근로문학상 은행익는 마을 입상(백일장)
시집 『소리의 근면성』

인사(人事)철 인사 외 2편

김 근 숙

무술년 새해가 밝았습니다
지난해 힘들고 아팠던…, 라고
친구 새해 인사말이다
세월의 속도에 슬퍼하며 '고마워 ㅠㅠ'라고만
숨 가쁘게 달리느라 성의 없는 인사로 엔터를 눌렀다
귀여운 이모티콘이라도 보낼 껄 한다
다운받은 사진 좀 첨부할 껄 그랬나

이맘때쯤 근사한 언어조합 이모티콘을 조작하여
인사가 필요한 지인들에게 인사말 붙여넣기를 한다
쉽게 복사된 인사가 무표정하게 성의 없이 떠다닌다
인사人事철 인사는 긴 꼬리달린 인사로 고개 숙이고
콧소리 섞인 넋두리 인사는 인사계 방문객으로 들어온다
인사돌이 필요한 흔들거리는 인사철에는 잇몸이 아프다
인사텐트 치약으로 튼튼한 잇몸을 만들고,
구취나는 인사말에 하얀 향기인사를 뿌려주고 싶다
은밀히 오가는 눈인사 따뜻해지는 연인처럼
무언이 통하는 마음인사는 그리움을 수놓았다
지난가을 하나씩 주워서 말린 곱게 물든 낙엽 꺼내

'친구 안녕!'이라고 쓰는

순수한 편지가 그리운 인사철이다

아버지는 바위셨다

– 주왕산 주상절리를 바라보면서

우뚝 솟은 큰 바위 앞에 서보고야 알았다

나무들을 키워내어 그림자를 만들었다는 거
다람쥐가 도토리를 마음껏 먹을 수 있었다는 거
소나무가 쭉쭉 뻗어 하늘을 향할 수 있었다는 거
버섯이 이쁜 노란치마를 디자인할 수 있었다는 거
시냇물이 조약돌과 맘껏 정답게 놀 수 있었다는 거

굽이굽이마다 솔바람 불어준다는 거
흙냄새 맡으며 꽃들과 눈인사한다는 거
나비가 벌들과 날아 다닐 수 있다는 거
다슬기가 바위틈에서 쉴 수 있다는 거
눈부신 쪽빛 물결 고고하게 흘러드는 거

아버지는
오랜 세월 그렇게 내 등 뒤에 묵묵하게 서 계셨다
큰 바위처럼…

외롭지 않은 갯드렁새

겨울 햇살에
눈마저 부신 이유는
티 없이 맑게
싸늘한 바람에도
춤추는 너를 보았기 때문이다

살얼음 냇가 홀로 피어있는
너울거리는 은빛 물결
졸졸졸 물소리 노래해주고
왕바랭이 데이트 요청한다

지나가는 발걸음 멈출때
사무친 그리움
한 조각 나뭇잎배되어
이미 떠내려가고 있었다

김 근 숙

계간 <스토리문학> 등단, 고려대 평생교육원 시창작과정 수료
한국스토리문인협회 회원, 안양문인협회 회원
글길문학회 회원, 문학공원 동인
현재 농림축산검역본부 근무 중
이메일 : kskim77@korea.kr

아침은 소리를 가지고 온다 외 2편

양 상 구

여명이 오니
나뭇잎 사각거리는 소리 들리고
새들의 맑은 목소리로 아침을 열고 있다

어떤 하루가 온다고 말을 하는지
알아들을 수는 없지만
분명 새로운 날이다
마음이 설렘은 무엇인가
어제도 보았고 내일도 올 텐데
오늘은 어떤 사연으로 찾아올까
달리는 자동차소리 하늘을 찌르고
재래시장 발걸음소리 장단에
여인의 맑은 전화소리 바람을 가른다

마음 · 1

새끼 고양이가 배가 고픈지
어미 품이 그리운지
애절한 울음소리가
담벼락을 타고 들려온다
창문을 뚫고 들어오는 햇살
아직 남아 있는 어두움을 쫓아내며
정리되지 않은 모습 창문에 기대어
그저 먼 하늘만 바라보네
지난 사연 써내려가는 가슴
아리도록 그리워했던 소망은
가을의 전설이 되었는지

아직도 못다 이룬 그림자 쫓고
부서진 가슴 어루만지며
산봉우리 걸쳐 있는 구름 사이에
어머니의 얼굴 그려본다.

마지막 잎새

산과 들에
오색 옷을 입은 가을이
바람에 펄럭이고 있다
담장 너머 붉은 감 얼굴 내밀고
제법 쌀쌀한 아침 햇볕에
새들의 합창 소리가 신선하다
하루가 다르게 낙엽은 쌓이고
그 많았던 나뭇잎 사이로
뭉게구름이 곁눈질하니
깊어만 가는 가을 서녘에
붉은 태양 황금으로 물들이고
화살촉같이 새들이 날고 있다
흔들고 간 자리 어디 있는지
설움의 날갯짓 흔적만 남긴 채
고요한 밤 별빛만 가득하다.

양 상 구

아호는 채운(綵雲), 월간 <스토리문학> 등단
계간 <현대문학사조> 발행인, 도서출판 채운재 대표
한국문인협회 복지위원, 도봉문인협회 이사, 삼강시인회 수석 부회장, 한국스토리문인협회 회원, 문학공원 동인

사랑 외 2편

최 창 규

갈참나무 숲길 따라
보라바람 맞으며
삼성산 성지 오른다

낙엽 밟고 가다 문득
겹겹 포개진 속이 궁금해
손으로 들추는 순간 황토방
같은 따스한 온기가 스민다

난, 누구를 위해
찬바람 부는 벌판에 서서
햇살처럼 따스한 울타리 된 적 있나

낙엽처럼 외투가 되어
찬이슬 맞으며
밤새 그 자리 지킨 적 있나

아무 말도 하지 못했다

훌쩍 다가온 추위에 겨울내의 꺼내 입고
밤새 '라 로슈푸코'의 잠언집을 읽다가 잠이 들었다

집사람이 자꾸 흔들어 마지못해 일어나보니
열두 시 반 점심 때

압력솥에서 방금 퍼온 고슬고슬한,
안동간고등어 노릇하게 구워내고
광천김 먹기 좋게 잘라놓고
어제 담근 겉절이에 나박김치
성당에서 공수해온 청국장까지

은퇴한 지 삼 년, 어쩌다 한번 씩 맛본
설거지 거실청소 분리수거조차 등 돌리고 싶은 나와는 달리
가문으로 만나 한 이불 덮은 지 사십 년,
우여곡절 많은 자식 남매 뒷바라지
다람쥐 쳇바퀴 돌듯 돌고 도는 허드렛일 모두 떠안고

흔적조차 보이지 않는
종갓집 대소사 팔 걷어붙여 앞장서고
굽이굽이 험한 길 따라 패인 주름

늘어난 흰머리 비바람 몰아쳐도
무던히 견뎌온 사람 홀연히,

소파에서 쪽잠 든 아내 모습이 점점 왜소해 보여
울컥했던 기억까지 다가와 손짓하지만

등 뒤로 다가가 뭉친 어깨를 꾹꾹 눌러줄 뿐,

낙타

자연이 신생아였을 때부터 넌
등에 돋아난 두 개의 육봉 사이에
소망하는 선물은 안고
동서로 이어지는 실크로드의 사막,
걸었다

아침에는 햇살 닮은 붉은빛
낮에는 하늘 닮은 에메랄드빛
저녁에는 모래 빛으로 갈아입은
명사산[11] 지나

광풍이 몰아쳐도 걷고 걸었다
체념조차 버거운 가마솥 같은
고비의 험한 길을
인자한 듯 서러운 듯
득도한 군자처럼 커다란 눈망울
껌뻑이면서

그러나 서러워 말자

---

11) 돈황 근처에 있는 사막산

세월이 흐르면 우리 모두
푸르른 오아시스에서 만나
그리운 이름들을 하나씩 꺼내어
두 손으로 토닥일 테니

최 창 규

경북 예천 출생, 동국대학교 화학공학부 졸업, 2017년 계간 <스토리문학>으로 시 등단, 현대자동차(주) 생산기술부장 역임, 모텍코리아(주) 대표이사 역임
한국스토리문인협회 회원, 문학공원 동인
금천문인협회 회원

노인과 독수리 외 2편

- 자연 그리고 문명

권 오 은

티베트의 산골마을 외딴집 아내와 두 딸 그리고 아들을 둔 한 노인이 쫓겨났다. 기력이 떨어진 탓일까?

하는 일마다 투정을 부리는 아내의 성화로 방황의 늪에서 헤어나지 못하고 집을 나와 산골짜기를 헤매게 되었다. 우연히, 높은 바위 벼랑에서 힘찬 모습으로 하늘을 향해 차오르는 독수리를 볼 수 있게 되었다. 이후, 노인은 마음이 허전해질 때마다 독수리의 비상과 사냥의 모습을 보는 것은 노인의 일상이 되고 말았다. 어느 날, 노인은 벼랑 아래에서 비틀거리는 독수리 한 마리를 발견하고 달려갔으나 독수리는 깨지고 빠진 발톱과 털마저 빠져 날지 못하는 날개를 흔들어 가며 둥지를 향해 도망을 가는 독수리 뒤를 따랐다. 둥지에는 연방 먹이를 물고 날아드는 독수리 세 마리와 바위 밑 큰 둥지를 지키는 엉덩이가 크고 눈매가 무서운 독수리 한 마리가 긴 목을 내밀어 가며 끼룩거리고 있었다. 날지도 못하는 털이 빠진 독수리는 뒤뚱거리며 둥지로 다가갔지만 날카로운 부리와 발톱에 목덜미가 굵은 독수리는 털이 빠진 독수리를 사정없이 쪼아대고 할퀴며 밀어내고 있었다. 노인은 다가가 털 빠진 늙은 독수리를 가슴에 움켜 안고 벼랑 끝에서 넓은 초원으로 내려와 먹이를 주며 매잡이 독수리로 훈련을 시키게 되지만 독수리는 하늘을 날지 못하고 노인의 어깨에 올라앉아 자유로운 영혼과 용맹을 잃은 독수리로 변해 있었다. 독수리는 하늘을 향한 본능적인 몸부림으로 비상의 날개를 흔들어 보지만 결국은 기력을 잃고 땅바닥에 부리를 내린 채 헐떡거리는 모습은 차마 애처롭기만 했다. 기력을 잃은 것은 독수리뿐 아니라 노인도 마찬가지였다. 넓은 초원에서 노인은 사냥물을 물어오지 못하는 독수리를 어깨에 올려놓고 허이 후우 후의 소리를 뱉어내며 자유로워진 영혼과 대화를 하고 있었고 가끔, 초원을 가로질러가는 자동차를 향해 달려들며 허풍 매잡이 노인과 독수리의 이름으로 빵만을 향한 치졸한 문명의 환경 속으로 동화되어 가고 있었다.

교향交響

– 동행

나는 오늘도 어김없이 다가오는 시간의 바람을 맞아 들여야 한다.
보이지 않는 선 위에서 보이지 않는 점點을 향해 걸어가고 있었다.
끈적거리지도 않은 곡선은 끝없이 멀어져 가고 흔적의 때는
또 점으로 '휘이휘이' 들리지 않는 소리로 보내고 있었다.

화려하게 빛나는 태양은 불꽃처럼 동東에서 타오르다
'꽝'하는 소리 서西에서 들렸다.

다 타버린 세상은 검은 바다로 물결을 치니,
새들은 울음을 잃고, 구름은 달빛을 숨기고,
달맞이꽃은 목이 부러졌다.

그러나 나는 슬퍼하지 않겠다.
내 눈에서는 산 정상의 공지선空地線이 보이고
밤 짐승들의 성적 아우성이 들린다.

거친 숨소리에 가슴 터질세라
헐떡이며 쏟아내는 하얀 점군點群이 범벅이 되어도
어둠을 두려워하지 않는 것들의 음향은 애절하다 못해
어둠을 걷어 차버리리니

영글지 못한 것들끼리 껴안으며 소리를 지른다.

살려주세요!
살려주세요!
어둠은 이슬을 넘어 도망을 가고 새벽은 다시 빛으로 오니
팔다리는 온통 어둠에 안긴다.

모든 것들은 오로지
중단하지 않는 일이 있을 뿐… 영원
모든 것들은 오로지
신神과 함께 영원히 바람소리로 들릴 뿐… 신神

윤동주의 고백

– 좁은 방에서

캄캄한 좁은 방에서
수많은 별들을 헤아렸습니다

끝없는 서러움이 세월을
쉬게 하고 있었습니다
묻어둔 분노의 어둠마저 희망으로
승화되게 하고 있었습니다

연장되는 낮이 두려워서가 아니었습니다
이 창을 넘어 넓은 우주를 바라보는
자유가 너무나 그리워서가 아니었습니다
비를 맞는 사람들의 세상이 그리워서도
아니었습니다

우리는 우리를 찾아야 했기 때문입니다

가만히 눈 감으면
하루의 울분을 비로 씻어 내릴 수 있었고
사상思想의 그릇에 능금이 저절로 익어가는
자연의 소리까지 들을 수 있었습니다

이 밤이 지나기 전에 역동의 열정으로
불이 되게 가슴을 태울 수도 있었습니다

세상으로 되돌아가는 사람들 사이에서
어제와 오늘을 잠시 쉬어가는 밤에는
또 수많은 별들도 헤아릴 수 있었습니다

이 모든 것들은
밝은 날의 창을 나의 손으로 열
내일이 있음을 알기 때문이었습니다

권 오 은

월간 <시사문단> 시, 수필부문 등단, 계간 <문학사랑> 아동문학 등단, 한양대학교 경영대학원 졸(경영학 석사)
작은예수회 이사 및 대변인 역임, 현)임마누엘공동체 시설장
계간 <문학의 창> 회장, 한국시사랑문인협회 회장, 한국문인협회 안산지부 지부장, 한국휴머니즘문인연합 회장, 한국문인협회 경기도 지회 부지회장 역임
현재 한국문인협회 문학정보화위원, 창작산맥 자문위원, 계간문예 이사, 한국스토리문인협회 자문위원, 문학공원 동인
제2회 천상병문학상 우수상, 안산시문화상, 한국문학인상, 한국문인협회 상, 한국참여문학상 수상

소리 등대 외 2편

김 종 숙

연일 이어지던 폭염에 과부하로 전기가 나갔다
넘어진 김에 쉬어간다고 일손을 놓으며 쌓아둔 물건에 기대어 눈을 감는다
스스스스 스륵 투둑
창고 안에 퍼져 있던 세밀한 신경들이 소리 나는 곳을 향해 몰려든다
소리가 소리 위에 얹히고
박스는 박스 위에 올려져있고
발목이 발등에 세워질 때
무게에 맞춰 켜켜이 쌓아놓은 물건들이
무릎을 접으며 자리를 만들고 있다
서로가 서로를 받아들이려고 스스로 꺾는 관절
주르륵, 물건을 덜어내고 묶어둔 비닐주둥이도 열렸다
이제는 묶여진 것 풀어도 될 때라는 듯
제 생각 끝에 돋는 부호를 타전하며 속을 쏟는다

어둠은 소리 등대
사방이 조용해지길 기다리는 참음
자신의 목소리를 듣는 진동
위아래도 아닌 펴고 서는 운행

무게를 감당하며 느리게 내려앉아 내어주는 품
비로소 듣게 되는 숨결

암전 속에 익숙해진 눈이 실루엣을 볼 즈음
흘린 땀이 제 몸으로 다시 스며들었다

바닷가 플랫폼

구로공단역에서 디지털단지역으로 이름이 바뀐 승강장에서

- 사진
수상도 하지
승차장과 선로 사이 유리벽에 걸린 성산 일출봉,
사진 속 바다가 점점 커지고 금방이라도 사람들 쪽으로 넘어올 양
출렁거리는데

- 여인
정말 수상해
갯가 웅덩이로 들어선 하늘이
오래전 굳은 재 한 줌 꺼내 풀어 물을 덥히는 동안
승차장 의자에 걸쳐져 바람 새는 풍선만 같던 여인
주춤거리며 일어선다
샌들 밖으로 비어져 나온 맨발이라도 물에 적시려는지
바다로 바싹 다가서는데

- 바다
소리를 재운 파도가 사람들 쪽으로 연신 바다를 펴내도
사람들은 젖지 않고

여인이 파도보다 크게 출렁거리며 다가가도
다가선 거리보다 빠르게 자라나는 바다

- 나는
쉿, 움직이면 안 돼
여자가 젖지도 못한 채 바다에 빨려들 것 같아 조마조마 보고 있어
이상하지
내 몸속에서 물소리가 나기 시작해

탄탈로스 12)

두루마리 휴지가 손에서 미끄러졌다
바닥으로 내려앉은 휴지가 물을 향해 구른다
닿을 듯 닿지 않는 거리가 더해진 간절한 갈증 끝에서
입술을 적시며 한끝이 물에 닿는 순간,
풀들은 솟구쳐 만장으로 펄럭거리고
허공으로 바람소리 푸르게 번져든다

필연과 우연의 만남이 몸으로 익힌 규칙을 하나씩 해제한다

맨몸의 투신은 본래로 돌아가는 문이다
오래 기다린 조문에 푸른 물이 밴다
외면하지 않는다면 단순하도록 분명한 이 끝과 저 끝의 경계에서
아무렇지 않다는 듯
이제 괜찮다는 듯
부분이어서 오히려 온전한 처음이라며 그렇게
가고 있다

김 종 숙

강원도 철원 출생
한국스토리문인협회 회원
문학공원 동인
풀잎문학회 회원

---

12) 탄탈로스: 그리스로마신화에 나오는 인물로 제우스와 요정 플루토의 아들이다. 갈증의 형벌을 받음

늑대와 춤을 외 2편

박 찬 숙

바람이 분다
코스모스가 하늘거리며 나에게 다가온다
하양 연분홍 빨강 색깔의 꽃들이 내 마음속에서 피어난다
하양색의 코스모스는 어머니의 얼굴이 된다
칠남매를 키우며 보릿고개를 넘으셨던 어머니의 땀방울은
핏방울이 되어 뚝뚝 떨어졌다
이제는 그 얼굴에 검버섯이 피어났고
하양색의 코스모스 꽃잎으로 피어났다
연분홍 색깔의 코스모스는 둥근 달이 된다
둥근 달 속에 꽃분이의 얼굴이 나타난다
참 이뻤었는데
무던히도 코스모스를 좋아했었는데
지금은 어디서 살고 있을까
꽃분이도 코스모스를 보고 그때를 생각하고 있을까
빨강색 코스모스는 마추픽추의 하늘에 뜬 태양이 된다
그 옛날 스페인의 박해를 피해 숨고 또 올라
저 산위에 잉카 문명을 이룬 그대들
이번에 찾아가서 만나면 늑대와 춤을 추듯
더덩실 춤을 추고 싶다

2037년의 일기

X월 X일

"방금 들어온 뉴스입니다

인간의 평균수명이 생명공학의 발달, 삶의 환경개선 등으로 150세로 늘어났다고 합니다"

와! 그럼 앞으로도 63년을 더 사네!

쭈글쭈글 해진 이마의 주름살(~~)이 확 펴지는(- -) 순간이다

오늘은 드론을 타고 서울에서 개최되는 세계시인대회에 갔다

나에게는 화인이라는 친구가 있었는데

그 친구는 열 번째 시집을 낸 바 있다.

모임 후 나의 일곱 번째 시집의 발문을 부탁하니

그는 로봇애인하고 데이트 약속이 있다며 '메롱'하고 사라진다

치사한 자식!

그의 「로봇 애인 찬미」 시 詩속에서 지렁이가 나오는 것 같다.

피곤하고 지친 몸으로 집에 돌아오니

마눌이 늦게 왔다고 바가지다

내일은 로봇애인하고 데이트하고 싶어진다

로봇애인의 환한 미소 속에

지친 몸 상한마음이 녹아내린다

의자를 돌려 앉다

자동카메라로 찍은 사진은 편하고 깔끔하다
그러나 판에 박힌 듯한 사진이기에 밋밋하다
잘 아는 길은 편하고 좋다
그러나 새로움이 없어 지루하다
하늘이 어찌 파란 색만 있으리요
빨강도 검정도 하양색도 있지 않으리요
인생살이가 어찌 평탄한 길만 있으리요
삶의 희로애락이 녹아 있지 않는가
내가 좋아하는 언어는
"의자를 돌려놓지 않으면 새로운 풍경을 볼 수 없다"이다
비온 뒤에야 무지개를 볼 수 있듯이
아무도 가지 않은 길에 가야 산딸기를 딸 수 있듯이
연어가 물결을 거슬러 올라야 산란을 할 수 있듯이
모래밭에서 깨어난 거북이가 모래를 헤치고 가야
바다에 도달해야 살 수 있듯이…
나는 이제 의자를 돌려 앉는다

박 찬 수

고려대 평생교육원 시창작과정 수료, 전북대학교 기계공학과 졸업, 아주대학교 경영대학원 경영학석사 졸업, 서울신학대학교 상담대학원 상담학석사, 대우중공업 경기지사장
두산경기판매(주) 대표이사 역임
한국스토리문인협회 회원, 문학공원 동인

갈대 외 2편

손 진 홍

가녀려 가벼이 흔들린다고
조그만 힘에도 굴복한다고
흔히들 줏대 없다고 한다

수그리고 눌리면서
숨죽은 듯
자란다, 그들은

혼자서는
넘어지고 휩쓸리는 나약함을 보이지만
체념을 모르고 일어설 줄도 안다
약함을 약하다 하지 않고
서로를 묶어 무리를 이루는 지혜도 가졌다

비록 가냘프게 자라나지만 숲을 이루고
수만의 손들이
하얗게 물결치는 결사를 보인다

푸른 솔 이야기

늘 푸르게 꿋꿋하게
이상은 높게 더 높이 더 높이
힘과 기상이 넘쳐나는 자랑스런 기개
갈수록 몸집 불리고 당당하게 서있다

늘 팔 벌려 솟구치며 충만하게
모든 고난이 엄습해 와도
튼튼함을 바탕으로
맞서 물러서지 않는다는 각오를 다진다

강함은 더 강함이 존재하는
경직은 부딪힘을 낳게 하는
우위에 설 상대는 늘 있다는

어느 날인가? 밤새 하늘이 요동치던 때
그가, 기죽어서 땅바닥에 가로누웠다

그리움

어머니가 오셨다
자루자루 들고 오셨다
조그맣게 든 자루
큼직하게 든 자루

이게 다 뭐냐고 물었다

콩이며 팥이며 쌀이며
깨 마늘 생강 배추 호박
하나하나 새겨 넘기신다

싸전 차리겠다

갑자기
집안은 내 땅의 냄새로
내 고향의 향기로
그리움 가득한
향수에 취하게 한다

어머니는 고향을 안고
오셨다

그리고는
웃고 계신다.

손 진 홍

월간 <스토리문학> 등단, 포천초등학교 교장으로 정년퇴임
한국문인협회 회원, 한국스토리문인협회 자문위원,
포천예술인동우회 회장, 포천문인협회 회장, 문학공원 동인
수필집 『꽃, 좋아할 틈이 없었어』 외 동인지 다수

친구에게 외 2편

김 경 임

10년 지기 친구가 있었습니다
가장 좋은 친구라 믿었던 친구가
지금은 친구가 아닙니다
철썩 같이 믿으며
모든 것을 주고 싶었던 친구
그런데 그가 우리들의 우정을 톱으로 자르네요
도끼로 내 마음을 쪼갭니다
그래서 너무 힘들고 괴롭습니다
나를 어떻게 생각했으면 그럴까요
아마도 나에게도 잘못은 있겠지요
어디서부터 어떻게 꼬여 있는지
잘 모르겠습니다
잘못된 만남이었을까요
꼬인 실타래를 어찌 풀어야 할까요
구멍 난 그릇을 깨뜨리고
새로운 그릇을 사고 싶은 심정이에요
호수 같은 내 마음에 돌을 던진 친구
호수는 돌을 삼키고 모른 체 할 수 있지만
친구는 내 속에 잠겨있어야 하네요

친구야
우리 예전으로 돌아가
서로의 싱그러운 마음풀밭을 뛰어 다니자

엄마와 고향

엄마한테 전화가 왔다
이번만큼은 김장을 해주고 싶다고…
아이들과 같이 엄마네 집에 갔다
너무 늙어버린 부모님
가슴이 너무 아리다

내가 해드릴 수 없는 부분이 너무 많다
편하게 모시고 싶어서
서울로 올라오시게 했는데
엄마와 알콩달콩 살고 싶었는데
가 잘못 생각한 것 같다

고향의 공기가 자식보다 살가울 텐데
고향의 나무들이 자식보다 든든할 텐데
고향의 오솔길이 자식보다 다정할 텐테
마을회관 민화투가 최고의 자식일 텐데
평생 함께 산 이웃집과의 수다가 더 맛날 텐데

시몬과 뮤즈

시몬, 어둑허니 거실에서
창가를 바라보았습니다
저 멀리 잠실 타워가 보이더군요
시몬, 나를 위해 생각을 해보았습니다
나는 여태 뭐하고 살았을까 하는 생각…
시몬, 그동안 나는 자신에게는 해준 것이 아무것도 없습니다
시몬, 이제는 나를 위해 조금씩 살아볼까 합니다
시몬, 이제 나무에게 바람에게 풀꽃에게 세상을 배워
내가 좋아하는 시를 조금씩 써볼까 합니다
시몬, 나에게 다가오셔서 감사합니다
詩몬, 나는 뮤즈가 되고 싶어요

김 경 임

고려대학교 평생교육원 시창작과정 수료
한국스토리문인협회 회원
문학공원 동인

개별경제학 · 4 외 2편

권 순 진

쉰 두 살 미영 씨는 담낭절제수술을 앞두고 극도의 불안감에 휩싸였다 의사는 환자를 안심시키고자 말이나 양 사슴 등은 아예 태어날 때부터 쓸개가 없고 떼어내도 살아가는데 큰 지장은 없을 것이라고 했다 어려운 수술이 아니니 그리 벌벌 떨 필요는 없다는 말도 덧붙였다 하지만 미영 씨는 살아도 '쓸개 빠진 년'이 된다는데, 자신은 육식도 좋아하고 무엇보다 배를 가르는 수술이라는데 겁을 먹지 않을 수 없었다

수술실에서 오만가지 생각이 머릿속을 헤집고 다녔다 그 상황에서 퍼뜩 스쳐가는 것이 있었다 9개월 전 오랜 친구인 현자에게 열 달만 쓰고 이자 10%를 붙여 돌려주겠다고 해서 남편 몰래 빌려준 돈 2백만 원이 생각났던 것이다 램프가 켜진 수술대위로 막 올라서려는 순간 "잠깐만요!" 소리쳤다 인상이 좋아 보이는 레지던트에게 그 사실을 알리면서 남편에게 꼭 좀 전해달라고 부탁했다

화(火)

독일에서 인간이 내는 화에 대한 실험을 했다
극도로 화가 치밀어 올랐을 때
입에서 나오는 공기, 그러니까
홧김을 비닐에 받아 농축시켰더니
0.5cc의 노란 액체가 모였다
이것을 돼지에게 주사했다
돼지가 비명을 지르며 즉사해 버렸다
홧병이란 공연히 생긴 말이 아니다

시어미가 며느리를 호되게 나무라면
젖 빨던 아이가 그 자리에서 생똥을 싼다
반대로 며느리의 화딱지 구박에
명을 재촉한 시어머니가 한둘 아니다
화가 풀리면 인생도 풀린다는데
날개 달린 아기천사의 머리 위에
동동 떠다니는 도넛 구름 같은
사람들의 화기를 걷어내기만 한다면

잔여 수명

살아 있는 자에게는 반드시 죽음이 오고
만나는 자는 누구나 헤어져야 한다
우리는 살아가는 동시에 죽어가고 있다
헤어짐은 언제 어떤 형식으로 찾아올지 모른다

인터넷 잔여수명 계산기에
이것저것 묻는 대로 성실하게 답변했다
잠시 엔진이 돌아가더니
진단결과가 나왔다

잔여 수명 4년
잔여 수명 48개월
잔여 수명 1,460일
잔여 수명 35,040시간
잔여 수명 2,102,400분
잔여 수명 126,144,000초

주변여건 생활습관 가족병력 그리고
나의 기저질환이 모두 수명을 앞당겼다
욕망도 어지간히 낡아버렸다

저 숫자들이 누에의 뽕잎처럼 갉아 먹히고
동파방지를 위해 조금 틀어둔 수도꼭지에서
똑똑 떨어진 물방울이 양동이를 채우듯
내 죽음의 밥그릇도 채워지겠지

한참 우울해져있던 차에
한 선배에게 "나 4년밖에 못 산대"
커밍아웃을 했더니만 선배는
"이 사람아, 나도 해봤는데
'당신은 이미 3년 전에 죽은 사람'이란 거야"

남의 불행에 비스듬히 기댄 나의 쓸쓸한 안도

권 순 진

대구 출생, 성균관대학교 경제학과 졸업
계간 <시와시와> 편집위원, 계간 <스토리문학> 부주간
현재 대구일보 시칼럼 「권순진의 맛있게 읽는 시」 주 5회 연재 중
천상병귀천문학상 수상
시집 『낙법』, 시론집 『맛있게 읽는 시』 외

태풍의 이름 외 2편

임 영 석

태풍이 크면 클수록 고요하다
어느 곳까지 집어삼킬지 깊이 생각하기 때문이다
배가 고파도 쉽게 달려드는 법이 없다
어떤 주술도 태풍의 화를 풀지 못한다
그래서 태풍의 이름은 나라마다
기억하고 싶은 이름을 짓는다고 한다
어느 때는 애인 같은 여자 이름을 썼고
어느 때는 곤충처럼 순한 이름을 붙였고
어느 때는 성자 같은 이름들을 써서
태풍이 무사히 잘 지나가도록 했다
하지만 태풍도 그 성격이 다 다르다
매미나 루사, 사라 같은 태풍은
우리나라를 지나가며 제 이름을 톡톡히 남겼다
어떤 영화보다도 비극적이었다.
그래서 오래오래 기억되는 이름이 되었다
앞으로 태풍의 이름에
김소월 윤동주 한용운 신석정 같은
시인의 이름이 붙여져
시처럼 아름답게 지나가길 바라고 싶다.

아이스크림은 왜 달콤한가

아이스크림이 녹지 않기 위해서는
적정한 온도를 유지해야 한다
너무 뜨거우면 녹고
너무 차가우면 딱딱해서
아이스크림을 보관하는 냉장고가 필요한 것이다

평화도 아이스크림 같은 것이다
너무 뜨겁지 않고
너무 차갑지 않는
평화를 지켜내는 냉장고가 필요한 것이다

내가 슈퍼마켓을 자유롭게 달려가서
아이스크림 하나를 사 먹기 위해서는
우리나라 국방비[13]가 43조원이 들어간다
아이스크림이 달콤한 이유는 평화롭기 때문이다

13) 2018년 우리나라 국방비 예산은 43조 1581억원이 편성되었다

사투(死鬪)를 벌이는 이유

보석 하나를 만들어 파는 데도
수많은 사람이 사투를 벌인다
어느 사람은 땅을 파서 원석을 캐야 하고
어느 사람은 그 원석을 가공해야 하고
어느 사람은 진열장에 놓고 손님을 기다려야 하고
어느 사람을 거금을 들여 보석을 구입해야 한다
이 과정이 없다면 보석은 만들어지지 않는다
비싼 값을 지불하고 보석을 손에 넣은 사람보다도
사투를 벌여 보석을 만들어왔던 사람들은
이미 눈동자 속에 귀한 보석 하나를 숨기고 산다
그 귀한 보석이 눈 속에 없다면
사투를 벌여서 보석을 만들지 않을 것이다
보석은 사투를 벌여 지켜내는 것이지
거금을 들여 사고파는 게 아니다

임 영 석

충남 금산 출생, 강원도 원주 거주, 1985년 계간 <현대시조> 등단, 1989년 계간 <시조문학> 등단, 한국문인협회 시조분과 회원, 한국시인협회 회원, 한국시조시인협회 회원, 오늘의시조시인협회 회원, 계간 <스토리문학> 부주간, 2009년 한국문화예술위원회 창작기금 , 2012년 강원문화재단 창작기금, 2016년 강원문화재단 전문가 지원창작기금 수혜, 시조세계문학상, 스토리문학상 대상 수상
시집 『이중창문을 굳게 닫고』 외 8권, 시론집 『미래를 개척하는 시인』

유정란 외 2편

안 원 찬

친손자 즐겨 먹는 계란프라이를 할 때마다

프라이팬 위에서 지글지글 익어가는

계란이 내는 소리가

내게는 꼭 살타는 소리로만 들린다

유정란은 아직 생명이 살아있는 계란

그러니까 불심 깊은 나는

친손자의 입맛을 위해

서슴없이 살생을 저지르고 있는 셈이다

아, 새삼 생각하니

삶이란 얼마나 기막힌 농담인 것인가

염소젖 빨아먹다

물기 없는 풀의 새싹 상추 콩잎 고구마 줄기 주고 가끔 특식으로 소나무 가지 쳐다 준다 겨울엔 볏짚 고춧대 시래기 콩깍지 쌀겨 챙겨주며 친근해진 뿔 없고 수염 없는 두 살짜리 얌생이가 새끼 두 마리 낳고 젖을 생산한다 저녁나절이면 젖꼭지에 찌그러진 주전자 들이대고 엄지손가락부터 새끼손가락 순으로 차례차례 오므렸다 폈다 반복하며 젖 짤 때마다 네굽질 한 번 한 적 없는 순덕이 등굣길 개울가 풀밭에 묶어놓으면 사라질 때까지 고개 돌릴 줄 모르는 순덕이 성깔머리는 급격해도 젖 먹이기에 길든 아이가 울면 알아듣고 찾아와 젖 물리게 하던 순덕이 온종일 되새김질하며 눈 빠지게 기다리다 잔뜩 꼬부라진 허기에 짓눌린 시오리 하굣길 쏘옥 기어들어간 눈 눈에 띄기 무섭게 목청 떨며 불러대기 시작한다 똘똘 말린 고삐 풀어 개울로 데려간다 팅팅 불어 시뻘겋게 성난 젖통 비집으며 어기적어기적 걷는 순덕이 물 마사지해준다 구름 손처럼 부드럽고 섬세하게 어루만지기 시작한다 붉게 달아 오른 볼망둥이 뒤로한 채 애무하듯 젖몸살 풀어주며 몇 차례 젖을 쭉쭉 짜준다 물살 가르는 허연 젖 줄기에 피라미들 몰려온다 고통스럽던 젖통에 성질 급해도 싫지 않은 모양이다 모래밭에 돌멩이 베고 누워 한아름 젖통 부여잡고짜릿한 전율 배제하며 젖꼭지 오지게 빨아 금세 남산만 해진다 눈꺼풀 사르르 덮일 때도 있다 때론 순덕이의 젖통은 나의 밥통이었다 하여, 하매 승질머리 염소 닮아갔다

성탄목

대형교회 앞마당으로 이주해온 날로부터
우리는 사람들을 위한 기쁨조가 되었어요
해마다 크리스마스 시즌이 돌아오면
우리들의 고난주가 시작돼요
예수 탄생을 축원하기 위해
형형색색의 꼬마전구 주렁주렁 매단
오랏줄에 온몸 결박당한 채 찬란히 밤을 밝혀야 해요
추위만도 버거운데 왜 이런 수난 받아야 하나요
수면 부족으로 피 말려야 하는 우리
이주했을 때만 해도 기뻤어요
피아노 반주에 맞춰
때마침 불어오는 바람에
이파리 파랗게 뒤집어대며 박자를 맞추었어요
크리스마스 시즌은 고난의 시즌
돌아오는 봄날에 잎갈이 늦어지고
작년처럼 올해도 열매를 맺지 못하고 있어요

안 원 찬

강원도 홍천 출생
2004년 시집 『지금 그곳은 정전이 아니다』
2013년 <시에티카>로 등단.
시집 『가슴에 이 가슴에』, 『귀가 운다』 외.

물에 길을 묻다 외 2편

강 민 경

바람에 서성거리던 나뭇잎
저를 받아 안는 개울물을 타고 앉아
길을 물으며 흐릅니다
한 때는
푸른 나뭇잎으로
나뭇가지 물들이는 터줏대감이었는데
웬일로 오늘은
후줄근한 형색으로 어딜 가느냐고 궁금해 하는
하늘을 힐끔거리며
두려움도 망설임도 잊은 채 파문을 일으키며
흘러갑니다
둥둥 떠내려가다
기우뚱기우뚱 멈칫거리다
고운 옷 자랑하고 싶은지 이쪽저쪽으로
몸을 뒤척이며
제가 나뭇가지에서 떨어진 낙엽인 것도 잊고
여유롭게 흐릅니다
재롱떨어 칭찬받으려는
아이들 같은 우쭐거림을 보며
나는 더 오래 주목하고 싶은데

어느새 알아챘는지
산을 도는 나뭇잎
물이 가르쳐 주는 길을 따라 갈길 서두릅니다

탄탈로스 산닭

어떻게 알고 왔을까

탄탈로스[14] 주차장에서 차를 대고 내리는데
오래 기다렸다는 듯 살금살금
눈을 맞추며 다가오는 산닭 여러 마리
동그란 눈알들이 반들반들 빛이 난다
흔치 않은 일이라 신기하고
사람에게 다가오니 수상하고
나를 자꾸 따라오니 이상해서
"야 너희들 뭐야"하고 소리 내어 외쳐보았지만
한 발짝도 물러서지 않는 산닭들 앞에
내가 오히려 무색하고 황당하다
산 닭의 저 눈빛
겁먹은 눈이 아니다
빚 받으러 온 험악한 눈알이다
이곳은 저희의 텃밭이니
입장료를 내라며
막무가내로 떼쓰며 덤벼드는 데야
사람 체면에 날짐승과 싸울 수도 없고

---

14) 지역명

간식거리로 가지고 다니던 새우깡까지 다 내어 주고 난 뒤에야 알았다

내 측은지심이

산속 저들의 구걸의 명분을 지켜주었다는 것을 산 닭들도 알았을까

가다가 멈춰 서서 돌아보고 홰를 치며 운다

물의 속성

한 방울의 빗방울이 모여
길을 내고 흐르는 모양을 살핍니다.
굽이굽이 직선, 곡선, 사선을 그리며
웅덩이든 그릇이든 둥글거나 각이 있거나
어떤 모양이든 거침없이 흐르는
마음을 읽겠다며
내 겉옷 적시더니 속으로 스며듭니다
천지 만물과 내통을 보여주겠다며
머리에서 시작하더니 목을 타고 내립니다
발목을 감싸더니 드디어
내 신을 신고 세상을 뛰어다닙니다
여기저기 나 보라며
긁고 가는 빗방울이 바람을 불러 타고
숲을 가르고 경계를 허뭅니다
말보다
행동이 앞서는 물
사람들 들으라고 쭈룩쭈룩 빗소리 외칩니다
그 소리 희喜, 노怒, 애哀, 락樂으로
세상을 간섭합니다
물은 오직 하나
생生과 사死의 자물통을 여는

열쇠입니다
가뭄 끝 비 오는 날
요술지팡이인 물의 속성을 봅니다

강 민 경

전북 정읍 출생, 전도사 1980년 하와이 이민
2005년 월간 <스토리문학> 신인상 등단,
한국스토리문인협회 회원, 미주시문학회 회원, 문학공원 동인
시집 『담쟁이 그녀』 외 동인지 다수.

밥 타령 외 2편

성 백 군

미국에서
사십 년 가까이 살았지만
빵보다는 밥이 좋다
주식은 역시 밥이다
'내 밥'하면
식탁 맞은편에 사뿐히 내려앉는
아내
밥이라는 이 말
마음대로 해도 된다는 말이기도 하지만
없으면 죽는다는
목숨줄이란 말이기도 하다
젊어서는
당신이 내 밥이더니
이제는 내가 당신 밥이 되었다고
이 밥 없으면 당신은 과부 된다고
아내 앞에서
허세虛勢 부리며 밥 타령하다 보면
늙어서도
살맛 나고 밥맛 돋는다

오해

병원이다
에어컨이 너무 쌔서 다리가 얼었다고
아내가 내 손을 잡아
자기 무릎 위에 대본다
맞은편에 앉은 야한 듯한 서양 여자
힐끔힐끔 나를 쳐다보는데
야릇한 표정이다
마치 내가 치한이나 되는 것처럼
괜히 붉어지는 내 얼굴
생각도 전염이 되는 건가
나이도 잊은 채 주책이다.
만은,
오해도 이쯤 되면
회춘 아닌가?
나도 한번 찡긋
그 여자가 당황한다.

내가 나의 관객이 되어

어쩌다가
내 십 대의 일기장을 보았다
각종 사건과 온갖 정황이
파노라마처럼 스쳐 지나가는데
지금 나는 웃고 있다
괴로웠던 일 즐거웠던 일
그동안 까맣게 잊고 있었던 일들이 되살아나
나를 토막 치지만 나는 아프지 않다
나는 이미 오십 년이 지난
흥미로운 드라마 한 편을 보는 것이다
평생을
세상 무대 위에서 춤추는 나
연출자에 의해서 희로애락이 썩 바뀌니
그건 참 내가 아니라
조물주가 만들어 낸 가상공간의 나라는 생각,
관객으로서의 내가 배우로서의 나를 즐긴다
부와 권세와 명예, 가난과 고난이
나와 무슨 상관이란 말인가?
그것들은 내 것이 아니라
나를 무대 위에 올려놓은 연출자의 것이기에
내 마음대로 안 되는 것을

나 밖에서 나를 바라보면 세상은 극적인 연극 무대,
조물주 어르신!
이왕이면 나를 사용해 감동적인 작품 한 편 만들어 주시오
다 같이 즐기며 나도 만족할 수 있으면 좋겠습니다

성백균

1948년 경북 상주 출생, 목사 , 1980년 하와이 이민
2005년 월간 <스토리문학> 신인상 등단, 한국스토리문인협회 하와이지부장, 문학공원 동인
제5회 스토리문학상 수상, 제18회 재외동포문학상 대상 수상
시집 『풀은 눕지 않는다』 외 동인지 다수.

손 외 2편

김 순 진

연초, 토정비결을 봤다
유월에 손이 태어날 수라 했다
과년한 자식들은 아직 결혼을 꿈조차 꾸지 않는다
구월에는 손재수가 있으니 조심하라고 했다
원래 가진 게 없어 그런지 모르고 지나갔다
나는 지금 손이 열 개라도 모자랄 지경으로 바쁘지만
손으로 헤아릴 수 없을 만큼 돈을 벌어보지 못했다
손꼽아 기다릴 사람도 없다
가끔 삐걱거리는 나무 벤치를 손보며 풍경을 흠모할지라도
시에 손을 뗄 용기가 나지 않는다
이제 내가 이 시업에서 손빼기란 쉽지 않다는 걸 잘 안다
모든 것은 내 손에 달렸다
손윗사람을 공경하거나 손아랫사람을 배려하느니
차라리 난해시를 존경하며 순수시에 무릎 꿇는다
손 크다는 소리를 들으며 돈을 펑펑 쓰고 싶기도 하다
그러나 내겐 마냥 손해만 보는 일 같은 시쓰기가
자손만대 떵떵거리며 사는 일이란 걸 너무나 잘 안다
오늘 밤도 시린 손을 호호 불며 시 한 편 완성해놓고
두 손을 치켜든다, 야호

파리와 모기

둘은 적군이 아니지만 서로 친구도 아니다
그런데 사람들은 같은 부류로 취급해버린다
평생 남의 눈칫밥을 먹어야만 하는 파리
차라리 안 보이는 밤에 몰래 빨대를 꽂는 모기
상사의 눈칫밥을 먹어야 하는
밤새 야근을 해야만 하는 사람살이가 무에 다를까
파리는 프랑스에 다녀온 적 없다
모기도 묘기대행진에 나간 적 없다
그러나 파리는 맛있는 음식을 골고루 먹어보았다
그렇지만 모기는 한 가지 음식만 먹고 산다
모기는 마치 묘기대행진에 나갔던 것처럼
저공비행으로 날아 적의 귓전을 울리지만
파리는 조금 먹으려다 배를 채우지도 못한 채
잘못했다고 싹싹 빈다
목구멍이 포도청인 건
그들이나 우리나 매한가지다
파리는 파리에도 있다
파리를 박멸하자는 파리조약을 파리는 허용할 수 없다
모기는 모기만한 소리를 내지만
사실은 엄청난 고함을 지르며 선전포고를 하는 것이다

술복

- 윤동주의 「팔복」을 패러디하다

술 퍼, 하는 자는 복이 있나니
술 따르는 자는 복이 있나니
술안주 만드는 자는 복이 있나니
술안주 먹여주는 자는 복이 있나니
술값 내는 자는 복이 있나니
술 취하는 자는 복이 있나니
2차 쏘는 자는 진실로 복이 있나니
술 안 마시면서 끝까지 함께 하는 자는 복이 있나니
노래방 소는 자여, 그대는 주님의 진실된 자녀라
그만 먹고 집에 가자는 자는 주님의 목자라
대리운전 부르는 자여 네가 진실로 주님 마음을 아느니
택시 태워 보내주는 자여 천국 사람들 마음이 그러할 지라
이튿날 해장국 사주는 자여 천국을 예약하리니

온 세상이 너희들 것이니라
酒여, 당신의 은혜와 능력을 믿사옵나이다

김 순 진

계간 <스토리문학> 발행인, 고려대학교 평생교육원 시창작과정 강사, 도서출판 문학공원 대표, 한국스토리문인협회 회장, 한국문인협회 이사, 국제펜클럽 한국본부 이사, 한국현대시인협회 감사, 한국시문학아카데미 회원, 천상병문학제 추진위원장
시집 『광대이야기』 외 저서 14권, 수필춘추 문학대상 외 다수 수상
이메일 : 4615562@hanmail.net

돌탑을 쌓는 마음 외 2편

김 영 수

숲 사이 오솔길을 가다 보니
누군가 쌓아놓은 돌탑이 있었다
나도 둘 하나 올려놓는다
멋있다 여럿이 같이 만든 작품이
한 번도 같이 모여 상의 하지 않았어도

어느 날 가보니 다 짓뭉개져 있다
누군가 마음에 들지 않아 무너트렸나 보다
창조하는 사람이 있으면 파괴하는 사람도 있겠지
또 쌓는다 하나 둘
역시 멋있다 흩어진 돌들 위라
더 멋있다

이끼 섬에서

해가 뜨는 것도 기우는 것도
이끼 섬의 그것은 예술이었다.
자연의 예술
아니, 자연 그 자체가 예술이었어

달이 떠오르니 또 다른 기쁨
섬은 노래하고 있었어 사람들은 듣지 않아도
언제인가 누군가 듣는 날 있으리라 믿는 마음에

나를 기다렸나? 천상의 노래 소리가 들린다

까마득한 옛날 큰 뜻을 품고
한 반도에서 이주해 간 선인들의
희망찬 노랫소리도 들린다

아름다운 대지에 씨앗 뿌리고
따사한 햇살과 온유한 바람에
희망을 꽃 피우며 마을에 해자 두르고
토기를 굽던 개척자들의 노래가 들린다

쓰시마, 이끼시마, 시가노시마를 거쳐

해 뜨는 동쪽으로 동쪽으로 가던 그 들은
싸우고 망하고 흥하고 그러면서 갔을 것이다

무엇을 숨기려 했기에 일본의 고대사는
수수께끼 같은 이야기들로 가득한가

달빛마저 가려진 어두운 숲으로 들어갔다
마치 일본의 역사 속으로 들어간 듯
온갖 새들이 우지진다
어두움 속에서 무엇인가 보이는 듯하다
얽히고설킨 비밀을 푸는 열쇠 그것이

Super moon

온 세상을 짓누를 듯 커다란 달이 떠오른다
바다가 넘치고 새들이 파닥인다
갑자기 두려움이 몰려온다
무너져 내릴 것 같다
지구도 달도
온 우주가 뒤엉켜 하나가 되어
새로이 새로이 시작할 듯하다

도저히 도저히 다른 방법이 없어 이제
지금껏 지은 것 다 허물어
흑암 속에 던져놓고
새로이 새로이 다시 시작하려나

오늘 따라 달은 크기도 하다

김 영 수

서울대학교 법과대학 졸업, 여행작가 , 계간 <스토리문학> 수필, 시부문 등단, 현재 서울대 법대 문우회장, 한국스토리문인협회 자문위원, 문학공원 동인, 2015년 제5회 스토리문학상 수필부문 수상
여행수필집 『내가 본 네모진 하늘』, 『에덴으로 가는 길』 외 다수
시집 『지금 내 눈앞에 조용히』

산촌야경山村夜景 외 2편

천 영 필

소백을 넘어온 바람
거칠게 문풍지를 밀어내고
귀곡성 읽어내는 산골의 삼경三更
백설은 온 산천을 덮고
차가운 월색月色이 서슬 푸른 장도長刀처럼
계곡을 가르고 있다

멀리 산짐승 배고파 우짖는 소리
산부엉이 달을 보고 주문을 윈다

서생書生 곰방대 터는 소리에 놀란
찬장 반자 위로 서생鼠生들이 운동회를 여는구나

객이 사랑에 들고자 밤새 문을 두드리나
안으로 잠근 문고리는 덜그럭댈 뿐인데

치킨을 먹으며

지구의 환경을 살리는 닭고기
소 돼지고기를 대체하여
사육면적 사료 생산비용이 열곱이 적다는
이 고기 한 점의 치명적 매력
한국 음식메뉴에는 무언가 한 둘은 있다

12시간 숙성시킨 후
젖은 반죽에 옷을 입힌다
마른 옷을 한 번 더 입혀
180도 끓는 기름에 바삭하게 두 번 더 튀겨내
맥주 한 잔 곁들이면
온 국민이 좋아하는 그 이름, 치맥!

각종 소스나 고추장 양념과 버무리면
식감도 살아나고
매운 맛 구수한 맛
안주로 즐거운
한국 푸드의 대표 먹거리
작지만 강하다

좋오타
목소리 높여 노래를 흥얼거리면
세상이 돈짝만하게 보인다

지화자 좋구나
내가 춤춘다
좋다구나
세상이 아름답게 보인다

천왕봉에 올라

- 최고의 피서

야반도주하듯 서울을 탈출한다
휴게소 두 곳을 달아쳐 백무동에 정차한다
이마빡에 불 달고 숨 가쁘게 험준한 산길 오른다
일행은 꼬리도 안 보이게 달아나고
힘 부친 돌부리길 쉬고 또 쉬며 오른다
장터목장에 도착하니
먼저 온 일행이 박수로 환영한다
잠시 잠에 취한 일행 꼬리 자르고
가뿐히 제석봉에 오르니
다람쥐 같은 선행대는 오간데 자취도 없다
땀으로 흥건히 젖은 얼굴 겨우 추스르고
법계사까지 달리듯 내밀리어 로터리산장에 다다른다

라면을 안주해 이슬이파티를 연다
아직도 험난한 칼바위길 남았다
길을 원망하다 도착한 식수대
머리 들이밀고 차가운 물을 맞는다

어느 곳 알탕이 이보다 시원할까

천 영 필

아호는 우천愚天, 고려대 평생교육원 시창작과정 수료
한국스토리문인협회 회원, 문학공원 동인, 친구에게들려주는시조 동인
동인지 『달큰한 감옥』, 『구름의 집중력』, 『노을빛 함께 단 둘이서』, 『친구에게 들려주는 시조』

사막에서의 자유 외 2편

한 상 현

눈부시게 푸른 하늘
한때는 바다였고
밀림이었고
찬란했던 고대 문명이었던 것들이
어둠의 동공 속 침묵이 되었다
시작은 어디고
끝은 어디까지인지
시간은 멈춰져 있고
꺾어진 뒷모습도 묻어놓고

세상과의 소통이 단절된 사막에서
고독한 오후와의 만남은
잊고 살아온 자아와의 교감이었다
뱁새 둥지에 다리 걸치고 걸어온
뻐꾸기 삶의 이정표
무엇을 새기고 무엇을 남겨 두고자
계획 속에 살아왔는지
휴대폰도 터지지 않는 곳에서
나는 나를 바라볼 수 있었다
사막은 아무것도 하지 않아도 되는

자유라는 선물을 주었다
마른 입술 적시는 비움의 철학을

폭풍우 앞에서

손오공이
먹다버린 복숭아씨가
태백산맥이 되고 골짜기가 되었다
바람둥이 조물주 부인이 흘린 눈물이
윤선도의 화폭에서 바다가 되었고
바다 속에는 껍데기를 뒤집어 쓴 영혼이 반짝거린다
이념과 사상 논쟁에 빠진 농게 한 쌍이
망둥이를 피해 낡은 집을 끌고 이사 중이다
백상어 포악질에 등 떠밀려
우주로 튕겨 날아간 가오리
화성을 한 바퀴를 돌아
아메리칸 챌린저호에 내려앉았다

슈퍼 돼지 불장난에
대책도 없이 눈치만 살피는 소한이
다국적 마피아가 개지랄 떨고 있다
누굴 탓하랴
약자의 설움인 것을
누굴 탓하랴
강자들의 씨름터가 되어버린 땅인 걸
감당할 수 없는 폭풍우에
불감증에 걸린 난파선이 흔들리고 있다

시인은

시인은
자연에서 생활에서
매의 눈으로 관찰하고 탐구하여
오감을 번뜩이며 끝없는 탐욕에 빠진다
꽃과 계절을 훔치고 우주까지 넘본다
낱말 하나에도 목숨을 걸고
남이 먹다버린 찌꺼기를 훔쳐 먹다 체하기도 한다
몸에 맞지 않는 어색을 입고 고뇌하다 삐에로처럼 웃기도 한다
아무도 읽어주지도 않아도
누구도 알아주지 않아도 시인이기에 시를 쓴다

내가 웃으면 세상이 행복해질까를 걱정하지 말고
시가 웃으면 세상이 행복할거야 라는 망상에 살자
늘 변화를 추구하지만
변화는 밖에 있는 게 아니라 마음속에 있었다
애절함이 녹아든 여정
팔월의 팥죽처럼 변화무쌍하다

한 상 현

고려대학교 평생교육원 시창작과정 수료
계간 <스토리문학> 등단
한국스토리문인협회 자문위원, 문학공원 동인
동인지 『새는 날고 꽃은 피어』, 『별 세다 잠든 아이』,
『바람의 서(序)』 외 다수

이 도서의 국립중앙도서관 출판예정도서목록(CIP)은 서지정보유통지원시스템 홈페이지(http://seoji.nl.go.kr)와 국가자료공동목록시스템(http://www.nl.go.kr/kolisnet)에서 이용하실 수 있습니다.

(CIP제어번호 : CIP2018001675)

한국스토리문인협회 시 동인
문학공원 동인지 2017년 제15호

서랍 속의 바다

초판인쇄일 2018년 1월 22일
초판발행일 2018년 1월 27일

지은이 : 양현주 외
발행인 : 김순진
편집장 : 전하라
디자인 : 김초롱
펴낸곳 : 문학공원
등　록 : 2004년 3월 9일 제6-706호
주　소 : 우편번호 03382 서울 은평구 통일로 633
　　　　녹번오피스텔 501호 스토리문학사
전 화 : 02-2234-1666
팩 스 : 02-2236-1666
홈페이지 : http://cafe.daum.net/yob51
이메일 : 4615562@hanmail.net

※ 책값은 뒤표지에 있습니다.